Curso

La diferencia entre aprobar
y sacar plaza

Auxiliar Administrativo

AYUNTAMIENTO DE MADRID

Si aún no dispones de tu **Curso MAD360**, te ofrecemos un acceso GRATIS de 30 días para que disfrutes de los siguientes recursos:

- MADTEST: Test comentados.
- Técnicas de Memoria 360.
- Temario en formato digital.
- Vídeos.
- Esquemas.
- Planificación de estudio flexible.
- Foro entre opositores.
- Recursos y novedades exclusivas.
- Consulta sobre la oposición y el proceso selectivo.
- Actualizaciones trimestrales del temario.

Para acceder a esta prueba del Curso MAD360* será necesaria la compra de todos los libros para esta especialidad de la edición 2024.

Valida los códigos que encuentras en la última página de tus libros y disfruta de la experiencia MAD360. Y para adquirir tu Curso MAD360 pincha en la opción RENOVAR que encontrarás en tu panel.

Infórmate en: mad.es/registro-campus

NOTA IMPORTANTE:

* El acceso al CURSO MAD360 estará disponible desde noviembre de 2024 (algunos recursos podrían estar disponibles en fecha posterior) y hasta el 30 de junio de 2026. Tendrá una duración de 30 días RENOVABLES mediante pago, desde la validación de códigos.

MAD se reserva el derecho a ampliar dichas fechas.

Auxiliar Administrativo/a del Ayuntamiento de Madrid

Octubre, 2024

Auxiliar Administrativo/a del Ayuntamiento de Madrid

Test del temario

Autores

ELENA GARCÍA FERNÁNDEZ
Licenciada en Derecho

CARLOS TOJEIRO ALCALÁ
Ingeniero Informático
Titulado MCP de Microsoft

© 7 Editores Recursos para la Cualificación Profesional y el Empleo, S.L. (7 Editores)
© Los autores
Primera edición, octubre 2024 (188 páginas)
Derechos de edición reservados a favor de 7 Editores
IMPRESO EN ESPAÑA
Diseño Portada: 7 Editores
Edita: 7 Editores
Avda. San Francisco Javier, 9 · Edificio Sevilla 2 · Planta 11 · Módulos 25-27 · 41018 Sevilla
Teléfono: 954 784 411 · WEB: www.mad.es · e-mail: administracion@7editores.com
ISBN: 978-84-142-8865-8
© "Editorial Mad" y "Eduforma" son nombres comerciales registrados de
7 Editores Recursos para la Cualificación Profesional y el Empleo, S.L.

Índice

La Constitución: estructura y contenido. Principios generales. Los derechos y deberes fundamentales. Sus garantías

1. Señala la respuesta correcta respecto a la estructura de la Constitución:

a) Está formada por 169 artículos, 4 disposiciones adicionales, 9 disposiciones transitorias, 1 derogatoria y 1 final.

b) En su Título III se regula el derecho a la educación y se reconoce la libertad de enseñanza.

c) En su anexo II faculta al Estado para autorizar la independencia de los territorios.

2. Los extranjeros tendrán derecho de sufragio en España, atendiendo a criterios de reciprocidad:

a) En ningún caso.

b) En todos los procesos electorales que se convoquen en España, excepto en las elecciones municipales.

c) En las elecciones municipales.

3. En el campo religioso, la Constitución Española establece que:

a) Existe libertad ideológica, religiosa y de culto, excepto en lugares públicos.

b) La religión católica tiene carácter estatal y se colaborará con las demás confesiones.

c) Nadie puede ser obligado a declarar sobre su ideología, religión o creencias.

4. La interdicción de la arbitrariedad de los poderes públicos significa que:

a) Pueden actuar arbitrariamente.

b) Gozan de amplias potestades discrecionales.

c) Se les prohíbe taxativamente actuar con arbitrariedad.

5. La actual Constitución Española en cuanto a su publicación y vigencia:

a) Se publicó el 29 de diciembre de 1978, y está vigente desde el mismo día de su publicación.

b) Está vigente desde el 1 de diciembre de 1978, fecha en que fue sancionada por S.M. el Rey Felipe VI.

c) Se publicó en el mes de diciembre de 1978 estando vigente desde el 1 de enero de 1979.

6. De conformidad con lo establecido en el Título I de la Constitución, señala la respuesta correcta:

a) La Constitución determina el plazo máximo de la prisión provisional.

b) Las asociaciones solo podrán ser disueltas o suspendidas en sus actividades en virtud de resolución administrativa motivada.

c) Compete a los poderes públicos organizar y tutelar la salud pública a través de medidas preventivas y de las prestaciones y servicios necesarios.

7. Indica cuál de las siguientes respuestas está recogida en el Título primero, artículo 10.2 de la CE:

a) La nación está obligada a conservar y proteger por leyes sabias y justas la libertad civil, la propiedad y los demás derechos legítimos de todos los individuos que la componen.

b) El Estado español acatará las normas universales del Derecho Internacional, incorporándolas a su derecho positivo.

c) Las normas relativas a los derechos fundamentales y a las libertades que la CE reconoce se interpretarán de conformidad con la Declaración Universal de Derechos Humanos y los tratados y acuerdos internacionales sobre las mismas materias ratificados por España.

8. Según la Constitución Española, señala la respuesta correcta:

a) La Constitución Española, deseando establecer la justicia, la libertad y la seguridad y promover el bien de cuantos la integran, en uso de su soberanía, proclama su voluntad de garantizar la convivencia democrática dentro de la Constitución y de las leyes conforme a un orden económico y social justo.

b) España se constituye en un Estado social y democrático de Derecho, que propugna como valores superiores de su ordenamiento jurídico la libertad, la justicia, la igualdad y el pluralismo político y sindical.

c) Los sindicatos de trabajadores y las asociaciones empresariales contribuyen a la defensa y promoción de los intereses económicos y sociales que les son propios. Su creación y el ejercicio de su actividad son libres dentro del respeto a la Constitución y a la ley. Su estructura interna y funcionamiento deberán ser democráticos.

9. ¿Cuál de las siguientes opciones establecidas en la Constitución Española se considera incorrecta?

a) Los extranjeros gozarán en España de las libertades públicas que garantiza el Título I de la Constitución Española en los términos que establezcan los tratados y la ley.

b) Los españoles son iguales ante la ley, sin que pueda prevalecer discriminación alguna por razón de nacimiento, raza, sexo, religión, opinión o cualquier otra condición o circunstancia personal o social.

c) Toda persona detenida debe ser informada de forma inmediata, y de modo que le sea comprensible, de sus derechos y de las razones de su detención, no pudiendo ser obligada a declarar. Se garantiza la asistencia de abogado al detenido en las diligencias policiales y judiciales, en los términos que la Constitución y la ley establezca.

10. La CE se fundamenta en la indisoluble unidad de la Nación española y reconoce y garantiza:

a) El derecho a la autonomía de las CCAA y regiones que la integran y la solidaridad entre todas ellas.
b) El derecho a la autonomía de las Comunidades que la integran así como la solidaridad entre todas ellas.
c) El derecho a la autonomía de las nacionalidades y regiones que la integran y la solidaridad entre todas ellas.

11. ¿Quién promueve las condiciones para que la libertad y la igualdad del individuo y de los grupos en que se integra sean reales y efectivas?

a) La Unión Europea.
b) Las Cortes Generales.
c) Los poderes públicos.

12. Cualquier ciudadano podrá recabar la tutela de las libertades y derechos reconocidos en el artículo 14 y la Sección primera del Capítulo segundo antes los Tribunales ordinarios por un procedimiento basado en los principios de:

a) Sumariedad y justicia.
b) Justicia e igualdad.
c) Preferencia y sumariedad.

13. Las normas relativas a los derechos fundamentales y a las libertades que la Constitución se interpretarán de conformidad con:

a) La Declaración Universal de los Derechos Humanos.
b) La Declaración Universal de los Derechos Humanos y las leyes orgánicas que lo desarrollen.
c) La Declaración Universal de los Derechos Humanos, los Tratados y Acuerdos Internacionales sobre las materias ratificadas por España.

14. La Constitución Española en su artículo 1 establece:

a) La Constitución se fundamenta en la indisoluble unidad de la Nación española.
b) El español es la lengua oficial del Estado.
c) España se constituye en un Estado social y democrático de derecho, que propugna como valores superiores de su ordenamiento jurídico, la libertad, la justicia, la igualdad y el pluralismo político.

15. De acuerdo con su preámbulo, ¿quién ratifica la CE de 1978?

a) El Rey.
b) Las Cortes Generales.
c) El pueblo español.

En MADTEST tienes **más preguntas de este tema, algunas de ellas comentadas y argumentadas**, y todos tus avances quedan registrados y se reflejan en el ranking.

¡Supera tus límites con MADTEST!

A continuación te presentamos algunos ejemplos de preguntas comentadas:

16. La justicia, según la Constitución, es:

a) Una garantía de los derechos fundamentales.
b) Un valor superior del ordenamiento jurídico.
c) Un fundamento del orden político y de la paz social.

Respuesta correcta: b) Un valor superior del ordenamiento jurídico.

La fundamentación legal de esta pregunta la encontramos en el artículo 1.1 de la Constitución Española de 1978:

España se constituye en un Estado social y democrático de Derecho, que propugna como valores superiores de su ordenamiento jurídico la libertad, la justicia, la igualdad y el pluralismo político.

17. Los extranjeros gozarán en España de las libertades públicas que garantiza el Título I de la Constitución Española en los términos que establezcan:

a) La Ley y la Constitución.
b) Los poderes públicos.
c) Los Tratados y la Ley.

Respuesta correcta: c) Los Tratados y la Ley.

La fundamentación legal de esta pregunta la encontramos en el artículo 13.1. de la Constitución Española de 1978:

1. Los extranjeros gozarán en España de las libertades públicas que garantiza el presente Título en los términos que establezcan los tratados y la ley.

18. El artículo 1.1 de la CE propugna como valores superiores de su ordenamiento jurídico, la libertad, la justicia, la igualdad y el pluralismo político. Estos valores:

a) Tienen mero carácter declarativo.
b) Tienen carácter normativo.
c) Suponen una mera declaración retórica.

Respuesta correcta: b) Tienen carácter normativo.

La fundamentación legal de esta pregunta la encontramos en el artículo 9.1. de la Constitución Española de 1978:

1. Los ciudadanos y los poderes públicos están sujetos a la Constitución y al resto del ordenamiento jurídico.

19. Indica la afirmación correcta sobre el artículo 27 de la Constitución Española:

a) La enseñanza es obligatoria y gratuita.
b) Los poderes públicos intervendrán en el control de todos los centros sostenidos por la Administración con fondos públicos, en los términos que la ley establezca.
c) Los poderes públicos inspeccionarán y homologarán el sistema educativo para garantizar el cumplimiento de la ley.

Respuesta correcta: c) Los poderes públicos inspeccionarán y homologarán el sistema educativo para garantizar el cumplimiento de la ley.

La fundamentación legal de esta pregunta la encontramos en el artículo 27.8 de la Constitución Española de 1978:

8. Los poderes públicos inspeccionarán y homologarán el sistema educativo para garantizar el cumplimiento de las leyes.

20. ¿Qué parte de la Constitución Española no tiene fuerza jurídica?

a) Las Disposiciones Adicionales.
b) El Preámbulo.
c) La DIsposición Final.

Respuesta correcta: b) El Preámbulo.

La fundamentación legal de esta pregunta la encontramos en la doctrina constitucionalista. El valor jurídico del preámbulo para la doctrina constitucionalista mayoritaria es meramente interpretativo recogiendo en gran medida la intención del legislador.

Solución al test n.º 1

1. a) Está formada por 169 artículos, 4 disposiciones adicionales, 9 disposiciones transitorias, 1 derogatoria y 1 final.

2. c) En las elecciones municipales.

3. c) Nadie puede ser obligado a declarar sobre su ideología, religión o creencias.

4. c) Se les prohíbe taxativamente actuar con arbitrariedad.

5. a) Se publicó el 29 de diciembre de 1978, y está vigente desde el mismo día de su publicación.

6. c) Compete a los poderes públicos organizar y tutelar la salud pública a través de medidas preventivas y de las prestaciones y servicios necesarios.

7. c) Las normas relativas a los derechos fundamentales y a las libertades que la CE reconoce se interpretarán de conformidad con la Declaración Universal de Derechos Humanos y los tratados y acuerdos internacionales sobre las mismas materias ratificados por España.

8. c) Los sindicatos de trabajadores y las asociaciones empresariales contribuyen a la defensa y promoción de los intereses económicos y sociales que les son propios. Su creación y el ejercicio de su actividad son libres dentro del respeto a la Constitución y a la ley. Su estructura interna y funcionamiento deberán ser democráticos.

9. c) Toda persona detenida debe ser informada de forma inmediata, y de modo que le sea comprensible, de sus derechos y de las razones de su detención, no pudiendo ser obligada a declarar. Se garantiza la asistencia de abogado al detenido en las diligencias policiales y judiciales, en los términos que la Constitución y la ley establezca.

10. c) El derecho a la autonomía de las nacionalidades y regiones que la integran y la solidaridad entre todas ellas.

11. c) Los poderes públicos.

12. c) Preferencia y sumariedad.

13. c) La Declaración Universal de los Derechos Humanos, los Tratados y Acuerdos Internacionales sobre las materias ratificadas por España.

14. c) España se constituye en un Estado social y democrático de derecho, que propugna como valores superiores de su ordenamiento jurídico, la libertad, la justicia, la igualdad y el pluralismo político.

15. c) El pueblo español.

16. b) Un valor superior del ordenamiento jurídico.

17. c) Los Tratados y la Ley.

18. b) Tienen carácter normativo.

19. c) Los poderes públicos inspeccionarán y homologarán el sistema educativo para garantizar el cumplimiento de la ley.

20. b) El Preámbulo.

TEST N.º 2

Organización territorial del Estado en la Constitución: las Entidades locales. El principio de autonomía local

1. La autonomía garantizada por la Constitución respecto de los Entes en que se organiza territorialmente el Estado lo es para:

a) Todo tipo de actuaciones.
b) La gestión de sus intereses.
c) Legislar.

2. Como consecuencia de la autonomía, respecto de los asuntos que les conciernen, las Entidades Locales:

a) Han de intervenir obligatoriamente.
b) Quedan supeditadas a las directrices que en cada momento les señalen las Administraciones General del Estado y de las Comunidades Autónomas.
c) Exaccionarán los recursos necesarios dotándoselas de una autonomía financiera, al margen de los Presupuestos de las restantes Administraciones.

3. El municipio y la provincia:

a) Tienen personalidad jurídica y plena capacidad para el cumplimiento de sus fines.
b) No tienen personalidad jurídica, pero sí capacidad para el cumplimiento de sus fines.
c) Tienen personalidad jurídica y necesitan supervisión de la autorización autonómica para el cumplimiento de sus fines.

4. Según el artículo 142 de la Constitución Española, las Haciendas Locales se nutrirán:

a) Exclusivamente de tributos propios y de participación en los del Estado.
b) Fundamentalmente de tributos propios y de participación en los del Estado y de las Comunidades Autónomas.
c) Exclusivamente de tributos propios y de participación en los del Estado y de las Comunidades Autónomas.

5. Si una ley estatal o autonómica lesiona la autonomía local, los entes locales podrán:

a) Interponer ante el Tribunal Supremo un recurso de inconstitucionalidad.

b) Interponer ante el Tribunal Constitucional un recurso de amparo.

c) Acudir al Tribunal Constitucional a través del denominado conflicto en defensa de la autonomía local.

6. Según la Constitución Española, el gobierno y administración de los municipios corresponde a:

a) El Pleno de los Ayuntamientos.

b) El Pleno, la Junta de Gobierno Local y el Alcalde.

c) Los Ayuntamientos, integrados por los Alcaldes y los concejales.

7. El artículo 141 de la Constitución Española define la provincia como:

a) Entidad Local con personalidad jurídica propia, determinada por la agrupación de municipios y división territorial para el cumplimiento de sus fines. Cualquier alteración de los límites provinciales habrá de ser aprobada mediante ley.

b) Entidad Local con personalidad jurídica propia, determinada por la agrupación de municipios y división territorial para el cumplimiento de las actividades del Estado. Cualquier alteración de los límites provinciales habrá de ser aprobada mediante ley orgánica.

c) Entidad Local con personalidad jurídica propia, determinada por la agrupación de municipios y división territorial para el cumplimiento de las actividades del Estado y de las Comunidades Autónomas. Cualquier alteración de los límites provinciales habrá de ser aprobada mediante ley orgánica.

8. Señala la respuesta incorrecta:

a) El Estado se organiza territorialmente en municipios, en provincias y en las Comunidades Autónomas que se constituyan.

b) Las diferencias entre los Estatutos de las distintas Comunidades Autónomas podrán implicar privilegios económicos y/o sociales.

c) Todos los españoles tienen los mismos derechos y obligaciones en cualquier parte del territorio del Estado.

9. La Ley 7/1985, de 2 de abril, reguladora de las Bases del Régimen Local señala como entidades locales territoriales:

a) El municipio, la provincia, la isla en los archipiélagos balear y canario y las áreas metropolitanas.

b) El municipio, la provincia, la isla en los archipiélagos balear y canario y las mancomunidades de municipios.

c) El municipio, la provincia, la isla en los archipiélagos balear y canario.

10. Según la Constitución Española, el gobierno y la administración de las provincias corresponde a:

a) El Pleno de las Diputaciones Provinciales.
b) Las Diputaciones y Mancomunidades.
c) Las Diputaciones Provinciales y otras Corporaciones de carácter representativo.

11. De acuerdo con la Constitución Española:

a) Se podrán crear agrupaciones de municipios diferentes de la provincia.
b) No se podrán crear agrupaciones de municipios diferentes de la provincia.
c) En los archipiélagos, las islas tendrán siempre su administración propia en forma de Concejos.

12. De acuerdo con el artículo 42 de la Ley de Bases del Régimen Local, ¿quién puede crear en su territorio comarcas u otras entidades que agrupen varios municipios?

a) Las Comunidades Autónomas, de acuerdo con lo dispuesto en sus respectivos Estatutos.
b) Las provincias, de acuerdo con la Ley de Bases del Régimen Local.
c) Solo las Cortes Generales, mediante ley orgánica.

13. Señala la respuesta correcta, de acuerdo con lo dispuesto en la Ley 7/1985:

a) El municipio, para la gestión de sus intereses y en el ámbito de sus competencias, puede promover toda clase de actividades y prestar los servicios públicos que considere apropiados para satisfacer las necesidades y aspiraciones de la comunidad vecinal, sin limitación alguna.
b) El municipio, para la gestión de sus intereses y en el ámbito de sus competencias, puede promover actividades y prestar los servicios públicos que contribuyan a satisfacer las necesidades y aspiraciones de la comunidad vecinal en los términos previstos en el artículo 25 de la Ley 7/1985.
c) El municipio ejercerá en todo caso como competencias propias, en los términos de la legislación del Estado y de las Comunidades Autónomas, entre otras, en las siguientes materias: educación, sanidad y salubridad pública.

14. Según la Constitución, las Entidades que forman parte de la organización territorial del Estado tienen la nota común de:

a) Autogobierno.
b) Independencia.
c) Autonomía.

15. ¿Qué instrumento normativo debe utilizar el Alcalde para realizar una delegación de competencias?

a) Un Bando.
b) Una ordenanza.
c) Un Decreto.

En MADTEST tienes **más preguntas de este tema, algunas de ellas comentadas y argumentadas**, y todos tus avances quedan registrados y se reflejan en el ranking.

¡Supera tus límites con MADTEST!

A continuación te presentamos algunos ejemplos de preguntas comentadas:

16. El carácter de cauce inmediato de participación ciudadana se predica del/de la:

a) Comunidad Autónoma.
b) Municipio.
c) Estado.

Respuesta correcta: b) Municipio.

La fundamentación legal de esta pregunta la encontramos en el artículo 1.1 de la Ley 7/1985, de 2 de abril, Reguladora de las Bases del Régimen Local:

1. Los Municipios son entidades básicas de la organización territorial del Estado y cauces inmediatos de participación ciudadana en los asuntos públicos, que institucionalizan y gestionan con autonomía los intereses propios de las correspondientes colectividades.

17. Según el artículo 24 bis de la Ley 7/1985, de 2 de abril, Reguladora de las Bases del Régimen Local, las Leyes de las Comunidades Autónomas sobre régimen local regularán los siguientes entes, que carecerán de personalidad jurídica, como forma de organización desconcentrada del Municipio:

a) Entes de ámbito territorial inferior al Municipio.
b) Mancomunidades.
c) Comarcas.

Respuesta correcta: a) Entes de ámbito territorial inferior al Municipio.

La fundamentación legal de esta pregunta la encontramos en el artículo 24.bis.1 de de la Ley 7/1985, de 2 de abril, Reguladora de las Bases del Régimen Local:

1. Las leyes de las Comunidades Autónomas sobre régimen local regularán los entes de ámbito territorial inferior al Municipio, que carecerán de personalidad jurídica,

como forma de organización desconcentrada del mismo para la administración de núcleos de población separados, bajo su denominación tradicional de caseríos, parroquias, aldeas, barrios, anteiglesias, concejos, pedanías, lugares anejos y otros análogos, o aquella que establezcan las leyes.

18. Serán responsables del deber de remitir a las Administraciones del Estado y de las Comunidades Autónomas, copia o, en su caso, extracto comprensivo de los actos y acuerdos de las Entidades Locales:

a) El Pleno del Ayuntamiento.
b) Los Presidentes y, de forma inmediata, los Secretarios de las Corporaciones.
c) El Pleno de la Diputación Provincial.

Respuesta correcta: b) Los Presidentes y, de forma inmediata, los Secretarios de las Corporaciones.

Respuesta basada en el artículo 56.1 de la Ley 7/1985, de 2 de abril, Reguladora de las Bases de Régimen Local, el cual dispone que:

1. Las entidades locales tienen el deber de remitir a las Administraciones del Estado y de las Comunidades Autónomas, en los plazos y formas que reglamentariamente se determinen, copia o, en su caso, extracto comprensivo de los actos y acuerdos de las mismas. Los Presidentes, y de forma inmediata, los Secretarios de las Corporaciones serán responsables del cumplimiento de este deber.

19. Las Entidades Locales solo podrán ejercer competencias distintas de las propias y de las atribuidas por delegación cuando:

a) No se ponga en riesgo la sostenibilidad financiera del conjunto de la Hacienda municipal.
b) Se incurra en un supuesto de ejecución simultánea del mismo servicio público con otra Administración Pública.
c) Existan duplicidades.

Respuesta correcta: a) No se ponga en riesgo la sostenibilidad financiera del conjunto de la Hacienda municipal.

Estas competencias a las que también se les denominan "impropias" vienen reguladas en el artículo 7.4 de la LBRL con el nombre de "competencias distintas de las propias y de las atribuidas por delegación".

De acuerdo con el mismo, su ejercicio solo es posible: 1.º cuando no se ponga en riesgo la sostenibilidad financiera de la Hacienda municipal, de acuerdo con los requerimientos de la legislación de estabilidad presupuestaria y sostenibilidad financiera y; 2.º no se incurra en un supuesto de ejecución simultánea del mismo servicio público con otra Administración Pública.

Se exigen con carácter necesario y vinculante los informes previos de la Administración competente por razón de materia, en los que se señale la inexistencia de duplicidades, y de la Administración que tenga atribuida la tutela financiera sobre la sostenibilidad financiera de las nuevas competencias.

El artículo citado dispone que, en todo caso, el ejercicio de estas competencias deberá realizarse en los términos previstos en la legislación del Estado y de las Comunidades Autónomas.

20. Según la Carta Europea de Autonomía Local, el ejercicio de las competencias públicas, como regla general, debe encomendarse a las:

a) Administraciones que cuenten con mayores medios para su eficaz realización.
b) Administraciones Públicas centralizadas.
c) Autoridades más cercanas a los ciudadanos.

Respuesta correcta: c) Autoridades más cercanas a los ciudadanos.

La fundamentación legal de esta pregunta la encontramos en el artículo 4.3 de la Carta Europea de Autonomía Local:

3. El ejercicio de las competencias públicas debe, de modo general, incumbir preferentemente a las autoridades más cercanas a los ciudadanos. La atribución de una competencia a otra autoridad debe tener en cuenta la amplitud o la naturaleza de la tarea o las necesidades de eficacia o economía.

Solución al test n.º 2

1. b) La gestión de sus intereses.

2. a) Han de intervenir obligatoriamente.

3. a) Tienen personalidad jurídica y plena capacidad para el cumplimiento de sus fines.

4. b) Fundamentalmente de tributos propios y de participación en los del Estado y de las Comunidades Autónomas.

5. c) Acudir al Tribunal Constitucional a través del denominado conflicto en defensa de la autonomía local.

6. c) Los Ayuntamientos, integrados por los Alcaldes y los concejales.

7. b) Entidad Local con personalidad jurídica propia, determinada por la agrupación de municipios y división territorial para el cumplimiento de las actividades del Estado. Cualquier alteración de los límites provinciales habrá de ser aprobada mediante ley orgánica.

8. b) Las diferencias entre los Estatutos de las distintas Comunidades Autónomas podrán implicar privilegios económicos y/o sociales.

9. c) El municipio, la provincia, la isla en los archipiélagos balear y canario.

10. c) Las Diputaciones Provinciales y otras Corporaciones de carácter representativo.

11. a) Se podrán crear agrupaciones de municipios diferentes de la provincia.

12. a) Las Comunidades Autónomas, de acuerdo con lo dispuesto en sus respectivos Estatutos.

13. b) El municipio, para la gestión de sus intereses y en el ámbito de sus competencias, puede promover actividades y prestar los servicios públicos que contribuyan a satisfacer las necesidades y aspiraciones de la comunidad vecinal en los términos previstos en el artículo 25 de la Ley 7/1985.

14. c) Autonomía.

15. c) Un Decreto.

16. b) Municipio.

17. a) Entes de ámbito territorial inferior al Municipio.

18. b) Los Presidentes y, de forma inmediata, los Secretarios de las Corporaciones.

19. a) No se ponga en riesgo la sostenibilidad financiera del conjunto de la Hacienda municipal.

20. c) Autoridades más cercanas a los ciudadanos.

TEST N.º 3

La Ley 39/2015, de 1 de octubre, del Procedimiento Administrativo Común de las Administraciones Públicas (I): Disposiciones generales. Interesados en el procedimiento. Actividad en la Administración Pública. Actos administrativos

1. El plazo máximo para notificar una resolución expresa es, según la Ley 39/2015:

a) De tres meses, en todo caso.

b) De tres meses, salvo que una norma con rango de ley establezca uno mayor o así venga previsto en el Derecho de la Unión Europea.

c) El fijado por la norma reguladora del correspondiente procedimiento, que no podrá exceder de seis meses salvo que una norma con rango de ley establezca uno mayor o así venga previsto en el Derecho de la Unión Europea.

2. En los casos en que proceda la comparecencia de las personas en las oficinas públicas, la Ley 39/2015 prevé que en la citación se hará constar:

a) El lugar, fecha, hora, los medios disponibles y objeto de la comparecencia, así como los efectos de no atenderla.

b) El lugar, fecha, hora y objeto de la comparecencia, así como los efectos de no atenderla.

c) El lugar, fecha, hora y objeto de la comparecencia, así como la posibilidad de obtener certificación acreditativa cuando así lo solicite.

3. Según indica el artículo 41.5 de la Ley 39/2015, cuando el interesado o su representante rechace la notificación:

a) Se hará constar esta circunstancia en el expediente, junto con el día y la hora en que se intentó la notificación, intento que se repetirá por una sola vez y en una hora distinta dentro de los tres días siguientes.

b) Se hará constar en el expediente, especificándose las circunstancias del Intento de notificación y el medio, dando por efectuado el trámite y suspendiéndose el procedimiento.

c) Se hará constar en el expediente, especificándose las circunstancias de intento de notificación y el medio, dando por efectuado el trámite y siguiéndose el procedimiento.

4. No tendrán la condición de interesados, en base al artículo 4 de la Ley 39/2015:

a) Los que, sin haber iniciado el procedimiento, tengan derechos que puedan resultar afectados por la decisión que en el mismo se adopte.

b) Quienes lo promuevan como titulares de derechos individuales.

c) Aquellos cuyos intereses legítimos puedan resultar afectados por la resolución y no se personen en el procedimiento.

5. La Ley 39/2015 reconoce en su artículo 3 que tendrán capacidad de obrar ante las Administraciones Públicas:

a) Las personas físicas o jurídicas que ostenten capacidad de obrar con arreglo a las normas civiles.

b) Cuando una norma reglamentaria así lo declare expresamente, los grupos de afectados, las uniones y entidades sin personalidad jurídica y los patrimonios independientes o autónomos.

c) Las asociaciones y organizaciones representativas de intereses económicos y sociales que sean titulares de intereses legítimos colectivos en los términos que la ley reconozca.

6. En relación con los límites a la extensión de la nulidad o anulabilidad de los actos, el artículo 51 de la Ley 39/2015, establece:

a) La nulidad o anulabilidad en parte del acto administrativo implicará la de todo el mismo.

b) La nulidad o anulabilidad de un acto implicará la de los sucesivos en el procedimiento.

c) El órgano que declare la nulidad o anule las actuaciones dispondrá siempre la conservación de aquellos actos y trámites cuyo contenido se hubiera mantenido igual de no haberse cometido la infracción.

7. Señala la respuesta correcta en relación con la práctica de las notificaciones, establecida en el artículo 42 de la Ley 39/2015:

a) Todas las notificaciones que se practiquen en papel deberán ser puestas a disposición del interesado en la sede electrónica de la Administración u Organismo actuante para que pueda acceder al contenido de las mismas de forma voluntaria.

b) Cuando la notificación se practique en el domicilio del interesado, de no hallarse presente este en el momento de entregarse la notificación, podrá hacerse cargo de la misma cualquier persona que se encuentre en el domicilio.

c) Si nadie se hiciera cargo de la notificación, se hará constar esta circunstancia en el expediente, y la segunda notificación se hará por medio de un anuncio publicado en el BOE.

8. De las siguientes afirmaciones, relativas a los actos administrativos, señala la correcta:

a) Los actos nulos o anulables que, sin embargo, contengan los elementos constitutivos de otro distinto producirán los efectos de este.

b) La nulidad o anulabilidad de un acto implicará la de los sucesivos en el procedimiento, aunque sean independientes del primero.

c) Si el vicio consistiese en la falta de alguna autorización, no podrá ser convalidado el acto mediante el otorgamiento de la misma por el órgano competente.

9. En relación con lo señalado en el artículo 16 de la Ley 39/2015, del Procedimiento Administrativo Común de las Administraciones Públicas, señala la respuesta incorrecta:

a) Cada Administración dispondrá de un Registro Electrónico General, en el que se hará el correspondiente asiento de todo documento que sea presentado o que se reciba en cualquier órgano administrativo, Organismo público o Entidad vinculado o dependiente a estos.

b) Los Organismos públicos vinculados o dependientes de cada Administración vendrán obligados a disponer de los registros electrónicos necesarios e interconectados con el Registro Electrónico General del Sector Público.

c) El Registro Electrónico General de cada Administración funcionará como un portal que facilitará el acceso a los registros electrónicos de cada Organismo.

10. De conformidad con el artículo 39 de la Ley 39/2015, podrá otorgarse eficacia retroactiva a los actos, excepcionalmente:

a) Siempre que produzcan efectos desfavorables al interesado.

b) Cuando se dicten en sustitución de actos anulados, siempre que los supuestos de hecho necesarios existieran ya en la fecha a que se retrotraiga la eficacia del acto y esta no lesione derechos o intereses legítimos de otras personas.

c) Cuando así lo exija el contenido del acto o esté supeditado a su notificación o publicación o aprobación superior.

11. Se entiende por comparecencia en la sede electrónica, según indica el artículo 43.1. de la Ley 39/2015:

a) El acceso por el interesado al contenido de la notificación.

b) El acceso por el interesado o su representante debidamente identificado al contenido de la notificación.

c) La puesta al alcance del interesado del contenido de la notificación en la misma sede.

12. Cuando la notificación por medios electrónicos sea de carácter obligatorio, o haya sido expresamente elegida por el interesado, indica el artículo 43 de la Ley 39/2015 que:

a) Se entenderá efectuada cuando hayan transcurrido 10 días naturales desde la puesta a disposición de la notificación sin que se acceda a su contenido.

b) Se entenderá rechazada cuando hayan transcurrido 10 días naturales desde la puesta a disposición de la notificación sin que se acceda a su contenido.

c) Se entenderá efectuada cuando hayan transcurrido 10 días hábiles desde la puesta a disposición de la notificación sin que se acceda a su contenido.

13. Los actos de las Administraciones Públicas no son nulos de pleno derecho en los casos siguientes:

a) Los que limiten derechos subjetivos o intereses legítimos.

b) Los dictados por órgano manifiestamente incompetente por razón de la materia o del territorio.

c) Los que tengan un contenido imposible.

14. Respecto al funcionamiento del registro electrónico (señala la respuesta incorrecta):

a) Los documentos se considerarán presentados por el orden de hora efectiva en el que lo fueron en el día inhábil.

b) Los documentos presentados en el día inhábil se reputarán posteriores, según el mismo orden, a los que lo fueran el primer día hábil posterior.

c) El inicio del cómputo de los plazos que hayan de cumplir las Administraciones Públicas vendrá determinado por la fecha y hora de presentación en el registro electrónico de cada Administración u Organismo.

15. De acuerdo con el artículo 14.2 de la Ley 39/2015, en todo caso, estarán obligados a relacionarse a través de medios electrónicos con las Administraciones Públicas para la realización de cualquier trámite de un procedimiento administrativo, los siguientes sujetos:

a) Los empleados de las Administraciones Públicas para los trámites y actuaciones que realicen con ellas por razón de su condición de interesados, en la forma en que se determine mediante ley, por cada Administración.

b) Las personas físicas.

c) Las personas jurídicas.

En MADTEST tienes **más preguntas de este tema, algunas de ellas comentadas y argumentadas**, y todos tus avances quedan registrados y se reflejan en el ranking.

¡Supera tus límites con MADTEST!

A continuación te presentamos algunos ejemplos de preguntas comentadas:

16. Señala uno de los derechos que la Ley 39/2015, de 1 de octubre, del Procedimiento Administrativo Común de las Administraciones Públicas, reconoce a quienes tengan capacidad de obrar ante las Administraciones Públicas:

a) A la obtención y utilización de los medios de identificación y firma electrónica contemplados en la Ley 39/2015, de 1 de octubre.

b) A la protección de datos de carácter personal, y en particular a la seguridad y confidencialidad de los datos que figuren en los ficheros, sistemas y aplicaciones de las Administraciones Públicas.

c) Todas las respuestas son correctas.

Respuesta correcta: c) Todas las respuestas son correctas.

Pregunta fundamentada en el artículo 13.b), g) y h) de la Ley 39/2015, de 1 de octubre, del Procedimiento Administrativo Común de las Administraciones Públicas.

El artículo 13 se refiere a los derechos de las personas en sus relaciones con las Administraciones Públicas, disociándose de esta forma, con buen criterio, de los derechos de los interesados en el procedimiento administrativo (a los que se refiere el art. 53 LPACAP), y señala que quienes, de conformidad con el artículo 3, tienen capacidad de obrar ante las Administraciones Públicas, son titulares, en sus relaciones con ellas, de los siguientes derechos:

(…)

b) A ser asistidos en el uso de medios electrónicos en sus relaciones con las Administraciones Públicas.

(…)

g) A la obtención y utilización de los medios de identificación y firma electrónica contemplados en esta ley.

h) A la protección de datos de carácter personal, y en particular a la seguridad y confidencialidad de los datos que figuren en los ficheros, sistemas y aplicaciones de las Administraciones Públicas.

17. A menos que la naturaleza del documento exija otra forma más adecuada de expresión y constancia, las Administraciones Públicas deberán emitir los documentos administrativos:

a) Preferiblemente de forma verbal.
b) Por escrito, a través de medios electrónicos.
c) Verbal o en su defecto por escrito.
d) De cualquier forma que deje constancia de su recepción.

Respuesta correcta: b) Por escrito, a través de medios electrónicos.

Pregunta fundamentada en el artículo 26.1 de la Ley 39/2015, de 1 de octubre, del Procedimiento Administrativo Común de las Administraciones Públicas:

1. Se entiende por documentos públicos administrativos los válidamente emitidos por los órganos de las Administraciones Públicas. Las Administraciones Públicas emitirán los documentos administrativos por escrito, a través de medios electrónicos, a menos que su naturaleza exija otra forma más adecuada de expresión y constancia.

18. Serán motivados, con sucinta referencia de hechos y fundamentos de derecho:

a) Los actos que se separen del criterio seguido en actuaciones precedentes o del dictamen de órganos consultivos.
b) Los actos que limiten derechos subjetivos o intereses legítimos.
c) Todas las respuestas son correctas.

Respuesta correcta: c) Todas las respuestas son correctas.

Pregunta fundamentada en el artículo 35 de la LPACAP, que dispone:

Serán motivados, con sucinta referencia de hechos y fundamentos de derecho:

a) Los actos que limiten derechos subjetivos o intereses legítimos.

b) Los actos que resuelvan procedimientos de revisión de oficio de disposiciones o actos administrativos, recursos administrativos y procedimientos de arbitraje y los que declaren su inadmisión.

c) Los actos que se separen del criterio seguido en actuaciones precedentes o del dictamen de órganos consultivos.

(…)

19. Los supuestos de nulidad absoluta de actos administrativos:

a) Son la regla general en nuestro Derecho.

b) Son los recogidos en el artículo 47 de la Ley 39/2015, de 1 de octubre, del Procedimiento Administrativo Común de las Administraciones Públicas, exclusivamente.

c) Pueden establecerse expresamente por una disposición con rango de ley.

Respuesta correcta: c) Pueden establecerse expresamente por una disposición con rango de ley.

La fundamentación legal de esta pregunta la encontramos en el artículo 47.1.g) de la Ley 39/2015, de 1 de octubre, del Procedimiento Administrativo Común de las Administraciones Públicas:

1. Los actos de las Administraciones Públicas son nulos de pleno derecho en los casos siguientes:

    (…)

g) Cualquier otro que se establezca expresamente en una disposición con rango de ley.

20. El plazo máximo en el que debe notificarse la resolución expresa será el fijado por la norma reguladora del correspondiente procedimiento. Este plazo, salvo que una norma con rango de ley establezca uno mayor o así venga previsto en el Derecho de la Unión Europea, no podrá exceder de:

a) Veinte días.

b) Un mes.

c) Seis meses.

Respuesta correcta: c) Seis meses.

La fundamentación legal de esta pregunta la encontramos en el artículo 21.2 de la Ley 39/2015, de 1 de octubre, del Procedimiento Administrativo Común de las Administraciones Públicas, que dispone:

2. El plazo máximo en el que debe notificarse la resolución expresa será el fijado por la norma reguladora del correspondiente procedimiento.

    Este plazo no podrá exceder de seis meses salvo que una norma con rango de ley establezca uno mayor o así venga previsto en el Derecho de la Unión Europea.

Solución al test n.º 3

1. c) El fijado por la norma reguladora del correspondiente procedimiento, que no podrá exceder de seis meses salvo que una norma con rango de ley establezca uno mayor o así venga previsto en el Derecho de la Unión Europea.

2. a) El lugar, fecha, hora, los medios disponibles y objeto de la comparecencia, así como los efectos de no atenderla.

3. c) Se hará constar en el expediente, especificándose las circunstancias de intento de notificación y el medio, dando por efectuado el trámite y siguiéndose el procedimiento.

4. c) Aquellos cuyos intereses legítimos puedan resultar afectados por la resolución y no se personen en el procedimiento.

5. a) Las personas físicas o jurídicas que ostenten capacidad de obrar con arreglo a las normas civiles.

6. c) El órgano que declare la nulidad o anule las actuaciones dispondrá siempre la conservación de aquellos actos y trámites cuyo contenido se hubiera mantenido igual de no haberse cometido la infracción.

7. a) Todas las notificaciones que se practiquen en papel deberán ser puestas a disposición del interesado en la sede electrónica de la Administración u Organismo actuante para que pueda acceder al contenido de las mismas de forma voluntaria.

8. a) Los actos nulos o anulables que, sin embargo, contengan los elementos constitutivos de otro distinto producirán los efectos de este.

9. b) Los Organismos públicos vinculados o dependientes de cada Administración vendrán obligados a disponer de los registros electrónicos necesarios e interconectados con el Registro Electrónico General del Sector Público.

10. b) Cuando se dicten en sustitución de actos anulados, siempre que los supuestos de hecho necesarios existieran ya en la fecha a que se retrotraiga la eficacia del acto y esta no lesione derechos o intereses legítimos de otras personas.

11. b) El acceso por el interesado o su representante debidamente identificado al contenido de la notificación.

12. b) Se entenderá rechazada cuando hayan transcurrido 10 días naturales desde la puesta a disposición de la notificación sin que se acceda a su contenido.

13. a) Los que limiten derechos subjetivos o intereses legítimos.

14. b) Los documentos presentados en el día inhábil se reputarán posteriores, según el mismo orden, a los que lo fueran el primer día hábil posterior.

15. c) Las personas jurídicas.

16. c) Todas las respuestas son correctas.

17. b) Por escrito, a través de medios electrónicos.

18. c) Todas las respuestas son correctas.

19. c) Pueden establecerse expresamente por una disposición con rango de ley.

20. c) Seis meses.

TEST N.º 4

La Ley 39/2015, de 1 de octubre, del Procedimiento Administrativo Común de las Administraciones Públicas (II): Iniciación, ordenación, instrucción, finalización y ejecución del procedimiento. Los recursos administrativos. Concepto y clases

1. Contra los actos firmes en vía administrativa:

a) No procede recurso administrativo alguno.

b) En vía administrativa solo procederá el recurso extraordinario de revisión, cuando concurran algunas de las circunstancias enumeradas en el artículo 125.1 de la Ley 39/2015.

c) Solo procede recurso contencioso-administrativo ante la jurisdicción correspondiente.

2. En relación con los procedimientos en materia de responsabilidad patrimonial, transcurrido el plazo legal desde que se inició el procedimiento sin que haya recaído y se notifique resolución expresa o, en su caso, se haya formalizado el acuerdo, podrá entenderse:

a) Que la resolución es contraria a la Indemnización del particular.

b) Que la resolución es favorable a la indemnización del particular.

c) Que el silencio será siempre positivo.

3. ¿Cuántos meses han de transcurrir desde que se inició el procedimiento sin recaer y notificar resolución expresa para entender dicha resolución contraria a la indemnización del particular?

a) Un mes.

b) Seis meses.

c) Tres meses.

4. En procedimientos iniciados a solicitud del interesado, paralizados por causa imputable al mismo, se produce:

a) La renuncia.

b) El desistimiento.

c) La caducidad.

5. La resolución que ponga fin al procedimiento será ejecutiva:

a) Siempre.
b) Cuando quepa contra ella únicamente recurso extraordinario de revisión.
c) Cuando no quepa contra ella ningún recurso ordinario en vía administrativa.

6. En los casos en que, a petición del interesado, deban efectuarse pruebas cuya realización implique gastos:

a) Que deba soportar la Administración, esta podrá exigir el anticipo de los mismos, a reserva de la liquidación efectiva, una vez practicada la prueba.
b) Que no deba soportar la Administración, esta podrá exigir el anticipo de los mismos, a reserva de la liquidación definitiva, antes de practicar la prueba.
c) Que no deba soportar la Administración, esta podrá exigir el anticipo de los mismos, a reserva de la liquidación definitiva, una vez practicada la prueba.

7. Interpuesto un recurso de reposición, se da audiencia al interesado, ¿puede solicitar la práctica de la prueba?

a) Sí, en cualquier momento.
b) No, si pudo realizarse dentro del procedimiento.
c) No, se practicarán las pruebas que prevea la Administración.

8. Según el artículo 95 de la Ley 39/2015, en los procedimientos iniciados a solicitud del interesado, la simple inactividad de este en la cumplimentación de trámites que no sean indispensables para dictar resolución, supondrá:

a) La caducidad del procedimiento.
b) La pérdida por parte del interesado del derecho al referido trámite.
c) Acordará la prescripción del procedimiento.

9. La aceptación de informes o dictámenes servirá de motivación a la resolución cuando:

a) Se incorporen al texto de la misma.
b) Se haga referencia a ellos en la resolución.
c) Decidan directa o indirectamente el fondo del asunto.

10. ¿Cuál de las siguientes afirmaciones no es cierta en relación con las actuaciones complementarias a que hace referencia la Ley 39/2015?

a) Que deben practicarse en un plazo no superior a diez días.
b) Que deben notificarse a los interesados, los cuales tendrán siete días para formular alegaciones.
c) Que el acuerdo de realización de medidas complementarias debe ser motivado.

11. En su artículo 95, la Ley 39/2015 habla de los requisitos y efectos de la caducidad. ¿Cuál de las siguientes afirmaciones es correcta?

a) Que su declaración necesitará de una resolución.
b) Que su declaración no necesitará de una resolución.
c) Que la misma produce por sí sola la prescripción de acciones de la Administración.

12. La presentación de un recurso administrativo ante un órgano no competente para su resolución:

a) Producirá siempre la inadmisión del recurso.
b) Producirá la inadmisión del recurso cuando el órgano competente perteneciera a otra Administración Pública, debiendo remitirse dicho recurso para su resolución.
c) Producirá su desestimación por falta de competencia, debiendo de remitirse al órgano competente para su resolución.

13. Las Administraciones Públicas podrán iniciar una actuación material de ejecución de resoluciones que limiten derechos:

a) Cuando, previamente, haya dictado y notificado al interesado la resolución que le sirva de fundamento jurídico.
b) Cuando se acredite previamente un interés general o público.
c) Cuando se acredite previamente un interés general o público superior al interés individual.

14. Según el artículo 65 de la Ley 39/2015, el acuerdo de iniciación de un procedimiento de responsabilidad patrimonial:

a) Se notificará a los particulares presuntamente lesionados, concediéndoles un plazo de 15 días para que aporten cuantas alegaciones, documentos o información estimen conveniente a su derecho y propongan cuantas pruebas sean pertinentes para el reconocimiento del mismo.
b) Se notificará a los particulares presuntamente lesionados, concediéndoles un plazo de 10 días para que aporten cuantas alegaciones, documentos o información estimen conveniente a su derecho y propongan cuantas pruebas sean pertinentes para el reconocimiento del mismo.
c) Se notificará a los particulares presuntamente lesionados, concediéndoles un plazo de 20 días para que aporten cuantas alegaciones, documentos o información estimen conveniente a su derecho y propongan cuantas pruebas sean pertinentes para el reconocimiento del mismo.

15. El recurso de alzada se debe plantear contra los actos que:

a) Agotan la vía administrativa.
b) No agotan la vía administrativa.
c) Dicta la Administración actuando como persona de derecho privado.

En MADTEST tienes **más preguntas de este tema, algunas de ellas comentadas y argumentadas**, y todos tus avances quedan registrados y se reflejan en el ranking.

¡Supera tus límites con MADTEST!

A continuación te presentamos algunos ejemplos de preguntas comentadas:

16. Salvo en el caso de que en la norma correspondiente se fije plazo distinto, los trámites que deban ser cumplimentados por los interesados deberán realizarse:

a) En el plazo de un mes a partir del siguiente al de la notificación del correspondiente acto.

b) En el plazo de veinte días a partir del siguiente al de la notificación del correspondiente acto.

c) En el plazo de diez días a partir del siguiente al de la notificación del correspondiente acto.

Respuesta correcta: c) En el plazo de diez días a partir del siguiente al de la notificación del correspondiente acto.

La fundamentación legal de esta pregunta la encontramos en el artículo 73.1 de la Ley 39/2015, de 1 de octubre, del Procedimiento Administrativo Común de las Administraciones Públicas, según el cual:

1. Los trámites que deban ser cumplimentados por los interesados deberán realizarse en el plazo de diez días a partir del siguiente al de la notificación del correspondiente acto, salvo en el caso de que en la norma correspondiente se fije plazo distinto.

17. Señala la respuesta correcta respecto a la emisión de informes:

a) Salvo disposición expresa en contrario, los informes serán facultativos y vinculantes.

b) Los informes serán emitidos a través de medios electrónicos en el plazo de quince días, salvo que una disposición o el cumplimiento del resto de los plazos del procedimiento permita o exija otro plazo mayor o menor.

c) El informe emitido fuera de plazo podrá no ser tenido en cuenta al adoptar la correspondiente resolución.

Respuesta correcta: c) El informe emitido fuera de plazo podrá no ser tenido en cuenta al adoptar la correspondiente resolución.

La fundamentación legal de esta pregunta la encontramos en el artículo 80.4 de la Ley 39/2015, de 1 de octubre, del Procedimiento Administrativo Común de las Administraciones Públicas, conforme al cual:

4. Si el informe debiera ser emitido por una Administración Pública distinta de la que tramita el procedimiento en orden a expresar el punto de vista correspondiente

a sus competencias respectivas, y transcurriera el plazo sin que aquel se hubiera emitido, se podrán proseguir las actuaciones.

El informe emitido fuera de plazo podrá no ser tenido en cuenta al adoptar la correspondiente resolución.

18. ¿De qué plazo disponen los interesados durante el trámite de audiencia para alegar y presentar los documentos y justificaciones que estimen pertinentes?

a) No inferior a quince ni superior a un mes.
b) No inferior a diez días ni superior a quince.
c) Quince días.

Respuesta correcta: b) No inferior a diez días ni superior a quince.

La fundamentación legal de esta pregunta la encontramos en el artículo 82.2 de la Ley 39/2015, de 1 de octubre, del Procedimiento Administrativo Común de las Administraciones Públicas, según el cual:

2. Los interesados, en un plazo no inferior a diez días ni superior a quince, podrán alegar y presentar los documentos y justificaciones que estimen pertinentes.

19. Señala la respuesta incorrecta respecto a la caducidad:

a) La caducidad no producirá por sí sola la prescripción de las acciones del particular o de la Administración, pero los procedimientos caducados interrumpirán el plazo de prescripción.
b) No podrá acordarse la caducidad por la simple inactividad del interesado en la cumplimentación de trámites, siempre que no sean indispensables para dictar resolución.
c) Podrá no ser aplicable la caducidad en el supuesto de que la cuestión suscitada afecte al interés general, o fuera conveniente sustanciarla para su definición y esclarecimiento.

Respuesta correcta: a) La caducidad no producirá por sí sola la prescripción de las acciones del particular o de la Administración, pero los procedimientos caducados interrumpirán el plazo de prescripción.

La fundamentación legal de esta pregunta la encontramos en el artículo 95.2, 3 y 4 de la Ley 39/2015, de 1 de octubre, del Procedimiento Administrativo Común de las Administraciones Públicas, que dispone:

2. No podrá acordarse la caducidad por la simple inactividad del interesado en la cumplimentación de trámites, siempre que no sean indispensables para dictar resolución. Dicha inactividad no tendrá otro efecto que la pérdida de su derecho al referido trámite.

3. La caducidad no producirá por sí sola la prescripción de las acciones del particular o de la Administración, pero los procedimientos caducados no interrumpirán el plazo de prescripción.

En los casos en los que sea posible la iniciación de un nuevo procedimiento por no haberse producido la prescripción, podrán incorporarse a este los actos y trámites cuyo contenido se hubiera mantenido igual de no haberse producido la caducidad. En todo caso, en el nuevo procedimiento deberán cumplimentarse los trámites de alegaciones, proposición de prueba y audiencia al interesado.

4. Podrá no ser aplicable la caducidad en el supuesto de que la cuestión suscitada afecte al interés general, o fuera conveniente sustanciarla para su definición y esclarecimiento.

20. Señala la respuesta incorrecta respecto a la información pública:

a) La incomparecencia en este trámite podrá impedir a los interesados interponer los recursos procedentes contra la resolución definitiva del procedimiento.

b) El órgano al que corresponda la resolución del procedimiento, cuando la naturaleza de este lo requiera, podrá acordar un período de información pública.

c) La comparecencia en el trámite de información pública no otorga, por sí misma, la condición de interesado.

Respuesta correcta: a) La incomparecencia en este trámite podrá impedir a los interesados interponer los recursos procedentes contra la resolución definitiva del procedimiento.

La fundamentación legal de esta pregunta la encontramos en el artículo 83.3 de la Ley 39/2015, de 1 de octubre, del Procedimiento Administrativo Común de las Administraciones Públicas, según el cual:

3. La incomparecencia en este trámite no impedirá a los interesados interponer los recursos procedentes contra la resolución definitiva del procedimiento.

La comparecencia en el trámite de información pública no otorga, por sí misma, la condición de interesado. No obstante, quienes presenten alegaciones u observaciones en este trámite tienen derecho a obtener de la Administración una respuesta razonada, que podrá ser común para todas aquellas alegaciones que planteen cuestiones sustancialmente iguales (sobre los interesados, debe tenerse en cuenta el art. 4 de esta LPACAP. En cuanto a la respuesta razonada a que alude este párrafo no puede considerarse como acto administrativo que concluya el procedimiento, sino como un mero acto de trámite, del mismo orden que el previsto en el art. 21.4, párrafo segundo, cuyo incumplimiento constituye una irregularidad administrativa no invalidante, pero sí susceptible de exigencia de responsabilidad).

Solución al test n.º 4

1. b) En vía administrativa solo procederá el recurso extraordinario de revisión, cuando concurran algunas de las circunstancias enumeradas en el artículo 125.1 de la Ley 39/2015.

2. a) Que la resolución es contraria a la indemnización del particular.

3. b) Seis meses.

4. c) La caducidad.

5. c) Cuando no quepa contra ella ningún recurso ordinario en vía administrativa.

6. c) Que no deba soportar la Administración, esta podrá exigir el anticipo de los mismos, a reserva de la liquidación definitiva, una vez practicada la prueba.

7. b) No, si pudo realizarse dentro del procedimiento.

8. b) La pérdida por parte del interesado del derecho al referido trámite.

9. a) Se incorporen al texto de la misma.

10. a) Que deben practicarse en un plazo no superior a diez días.

11. a) Que su declaración necesitará de una resolución.

12. b) Producirá la inadmisión del recurso cuando el órgano competente perteneciera a otra Administración Pública, debiendo remitirse dicho recurso para su resolución.

13. a) Cuando, previamente, haya dictado y notificado al interesado la resolución que le sirva de fundamento jurídico.

14. b) Se notificará a los particulares presuntamente lesionados, concediéndoles un plazo de 10 días para que aporten cuantas alegaciones, documentos o información estimen conveniente a su derecho y propongan cuantas pruebas sean pertinentes para el reconocimiento del mismo.

15. b) No agotan la vía administrativa.

16. c) En el plazo de diez días a partir del siguiente al de la notificación del correspondiente acto.

17. c) El informe emitido fuera de plazo podrá no ser tenido en cuenta al adoptar la correspondiente resolución.

18. b) No inferior a diez días ni superior a quince.

19. a) La caducidad no producirá por sí sola la prescripción de las acciones del particular o de la Administración, pero los procedimientos caducados interrumpirán el plazo de prescripción.

20. a) La incomparecencia en este trámite podrá impedir a los interesados interponer los recursos procedentes contra la resolución definitiva del procedimiento.

TEST N.º 5

La Ley 7/1985, de 2 de abril, reguladora de las Bases del Régimen Local: Disposiciones Generales. El municipio. Disposiciones comunes a las entidades locales. Régimen de organización de los municipios de gran población

1. Según indica el artículo 13 de la Ley 7/1985, de 2 de abril, modificado por el Real Decreto Ley 6/2023, de 19 de diciembre, la creación de nuevos municipios solo podrá realizarse sobre la base de núcleos de población territorialmente diferenciados, de:

a) Al menos 4.000 habitantes y siempre que los municipios resultantes sean financieramente sostenibles, cuenten con recursos suficientes para el cumplimiento de las competencias municipales y no suponga disminución en la calidad de los servicios que venían siendo prestados.

b) Al menos 5.000 habitantes y siempre que los municipios resultantes sean financieramente sostenibles, cuenten con recursos suficientes para el cumplimiento de las competencias municipales y no suponga disminución en la calidad de los servicios que venían siendo prestados.

c) Al menos 4.000 habitantes y siempre que los municipios resultantes sean financieramente sostenibles, cuenten con recursos suficientes para el cumplimiento de las competencias municipales y suponga disminución en la calidad de los servicios que venían siendo prestados.

2. Conforme al artículo 122.2 de la Ley 7/1985, convocar y presidir las sesiones del Pleno es una atribución que corresponde al Alcalde, cuyo ejercicio es:

a) Indelegable, en todo caso.

b) Delegable en los Tenientes de Alcalde.

c) Delegable en uno de los concejales, en el caso de los municipios pertenecientes al régimen de gran población.

3. En un municipio de gran población, la concesión de cualquier tipo de licencia, salvo que la legislación sectorial la atribuya expresamente a otro órgano le corresponde:

a) A la Junta de Gobierno Local.

b) Al Alcalde.

c) Al Pleno.

4. El régimen de organización de los municipios de gran población es de aplicación a:

a) Los municipios cuya población supere los 200.000 habitantes.

b) Los municipios que sean capitales de provincia cuya población sea superior a los 170.000 habitantes.

c) Los municipios cuya población supere los 75.000 habitantes, que presenten circunstancias económicas, sociales, históricas o culturales especiales, y así lo decidan las Asambleas Legislativas correspondientes a iniciativa de los respectivos Ayuntamientos.

5. En los municipios de gran población, y según el artículo 127 de la Ley 7/1985, de 2 de abril, ¿a quién le corresponde aprobar los proyectos de ordenanzas y reglamentos incluidos los orgánicos, con excepción de las normas reguladoras del Pleno y sus comisiones?

a) A la Comisión Especial de Cuentas.

b) Al Órgano de Gestión Tributaria.

c) A la Junta de Gobierno Local.

6. Establece la Ley 7/1985, de 2 de abril, respecto a la Junta de Gobierno Local, en un municipio de gran población, que:

a) La Junta de Gobierno Local responde políticamente ante el Pleno de su gestión de forma solidaria, sin perjuicio de la responsabilidad directa de cada uno de sus miembros por su gestión.

b) Corresponde al Pleno nombrar y separar libremente a los miembros de la Junta de Gobierno Local, cuyo número no podrá exceder de un tercio del número legal de miembros del Pleno, además del Alcalde.

c) Los miembros de la Junta de Gobierno Local no podrán asistir a las sesiones del Pleno ni intervenir en los debates, sin perjuicio de las facultades que corresponden a su Presidente.

7. La competencia para la revisión de oficio de sus propios actos, en los municipios de gran población del Título X de la Ley 7/1985, de 2 de abril, es competencia de:

a) El Alcalde, el Pleno y la Junta de Gobierno Local siendo delegable por el Alcalde y la Junta de Gobierno.

b) El Alcalde, el Pleno y la Junta de Gobierno; siendo indelegable en el caso del Pleno y la Junta de Gobierno.

c) El Alcalde, el Pleno y la Junta de Gobierno no pudiéndose delegar en los coordinadores generales, directores generales u órganos similares.

8. En los municipios en régimen de organización de gran población, correspon-de a la Junta de Gobierno Local la competencia de:

a) Establecer la organización y estructura de la Administración municipal ejecutiva, sin perjuicio de las competencias atribuidas al Pleno en materia de organización municipal, de acuerdo con lo dispuesto en el párrafo c) del apartado 1 del artículo 123 LBRL.

b) El planteamiento de conflictos de competencia a otras entidades locales y otras Administraciones Públicas.

c) Ejercer la potestad sancionadora salvo que por ley esté atribuida a otro órgano.

9. El artículo 135 de la Ley 7/1985, de 2 de abril, establece que, en los municipios de gran población, el sistema tributario municipal está regido por los principios de:

a) Eficiencia, suficiencia, agilidad y unidad en la gestión.

b) Eficiencia, suficiencia, agilidad y coordinación en la gestión.

c) Progresividad, eficiencia, suficiencia y coordinación en la gestión.

10. Son órganos directivos, en los municipios en régimen de organización de gran población:

a) El Alcalde y los concejales que forman parte del Pleno.

b) El titular de la Asesoría Jurídica.

c) Los miembros de la Junta de Gobierno Local.

11. En los municipios en régimen de organización de gran población, respecto al órgano de gestión tributaria diremos que:

a) Es responsable de ejercer como propias las competencias que a la Administración Tributaria local le atribuye la legislación tributaria.

b) Le corresponde la aprobación e interpretación de las normas tributarias propias del ayuntamiento.

c) Para la consecución de una gestión integral del sistema tributario municipal, regido por los principios de eficiencia, suficiencia, agilidad y unidad en la gestión, se habilita a la Junta de Gobierno Local de los ayuntamientos de los municipios de gran población para crear un órgano de gestión tributaria.

12. Del órgano responsable del control y de la fiscalización interna, en los municipios en régimen de organización de gran población diremos que:

a) Le corresponde la función pública de control y fiscalización externa de la gestión económico-financiera y presupuestaria.

b) Se denomina Intervención General Municipal.

c) Ejercerá sus funciones dependiendo de los órganos y entidades municipales y cargos directivos cuya gestión fiscalice.

13. En los municipios en régimen de organización de gran población, tal y como establece el artículo 137 de la Ley 7/1985, de 2 de abril:

a) El Pleno del Ayuntamiento podrá acordar la creación de un Consejo Social de la Ciudad, integrado por representantes de las organizaciones económicas, sociales, profesionales y de vecinos más representativas.

b) El Reglamento orgánico municipal podrá establecer distritos, como divisiones territoriales propias, dotadas de órganos de gestión desconcentrada, para impulsar y desarrollar la participación ciudadana en la gestión de los asuntos municipales y su mejora, sin perjuicio de la unidad de gobierno y gestión del municipio.

c) Existirá un órgano para la resolución de las reclamaciones económico-administrativas.

14. En los municipios no sujetos al régimen de municipios de gran población la atribución de la declaración de lesividad de los actos del Ayuntamiento compete:

a) Al Pleno.

b) Al Alcalde.

c) A la Junta de Gobierno Local.

15. Se requiere, para la válida constitución de la Junta de Gobierno Local, en un municipio de gran población, que:

a) El número de miembros de la Junta de Gobierno Local que ostentan la condición de concejales presentes sea inferior al número de aquellos miembros presentes que no ostentan dicha condición.

b) El número de miembros de la Junta de Gobierno Local que ostentan la condición de concejales presentes sea superior al número de aquellos miembros presentes que no ostentan dicha condición.

c) Todos sus miembros ostenten la condición de concejales.

En MADTEST tienes **más preguntas de este tema, algunas de ellas comentadas y argumentadas**, y todos tus avances quedan registrados y se reflejan en el ranking.

¡Supera tus límites con MADTEST!

A continuación te presentamos algunos ejemplos de preguntas comentadas:

16. Señala la respuesta correcta. Sobre el régimen de organización de la Junta de Gobierno Local en los municipios en régimen de organización de gran población:

a) Corresponde al Pleno el nombramiento de los miembros de la Junta de Gobierno Local.

b) Sus miembros no siempre tienen que tener la condición de concejales.

c) Los miembros de la Junta de Gobierno Local podrán asistir a las sesiones del Pleno e intervenir en los debates, sin perjuicio de las facultades que corresponden a su Presidente.

Respuesta correcta: c) Los miembros de la Junta de Gobierno Local podrán asistir a las sesiones del Pleno e intervenir en los debates, sin perjuicio de las facultades que corresponden a su Presidente.

Conforme al art. 126.2 LRL:

2. Corresponde al Alcalde nombrar y separar libremente a los miembros de la Junta de Gobierno Local, cuyo número no podrá exceder de un tercio del número legal de miembros del Pleno, además del Alcalde.

   En todo caso, para la válida constitución de la Junta de Gobierno Local se requiere que el número de miembros de la Junta de Gobierno Local que ostentan la condición de concejales presentes sea superior al número de aquellos miembros presentes que no ostentan dicha condición (al no poder existir miembros no electos, también deja de tener sentido esta previsión).

   Los miembros de la Junta de Gobierno Local podrán asistir a las sesiones del Pleno e intervenir en los debates, sin perjuicio de las facultades que corresponden a su Presidente.

17. Si un municipio desea que se le aplique el régimen de municipio de gran población:

a) Se exigirá que así lo decidan las Asambleas Legislativas correspondientes a iniciativa de los respectos ayuntamientos en los casos de la letra c) y d) del artículo 121 de la Ley 7/1985.
b) Deberá presentar circunstancias económicas, sociales, históricas o culturales especiales, independientemente de su población.
c) Tendrá que ser capital de provincia y ser superior en población a 250.000 habitantes.

Respuesta correcta: a) Se exigirá que así lo decidan las Asambleas Legislativas correspondientes a iniciativa de los respectos ayuntamientos en los casos de la letra c) y d) del artículo 121 de la Ley 7/1985.

Conforme al art. 121 de la LRL, las normas del Título X de la LRL serán de aplicación:

a) A los municipios cuya población supere los 250.000 habitantes.

b) A los municipios capitales de provincia cuya población sea superior a los 175.000 habitantes.

c) A los municipios que sean capitales de provincia, capitales autonómicas o sedes de las instituciones autonómicas.

d) Asimismo, a los municipios cuya población supere los 75.000 habitantes, que presenten circunstancias económicas, sociales, históricas o culturales especiales.

En los supuestos previstos en los párrafos c) y d), se exigirá que así lo decidan las Asambleas Legislativas correspondientes a iniciativa de los respectivos ayuntamientos.

18. ¿Quién ejerce la Secretaría de la Junta de Gobierno Local en un municipio sujeto al régimen de gran población, según recoge el artículo 126 de la Ley 7/1985, de 2 de abril?

a) Un funcionario de la Administración Local con habilitación de carácter nacional.
b) Uno de sus miembros que no reúna la condición de concejal.
c) Uno de sus miembros que reúna la condición de concejal.

Respuesta correcta: c) Uno de sus miembros que reúna la condición de concejal.

Según el artículo 126.4 LRL:

4. La Secretaría de la Junta de Gobierno Local corresponderá a uno de sus miembros que reúna la condición de concejal, designado por el Alcalde, quien redactará las actas de las sesiones y certificará sobre sus acuerdos. Existirá un órgano de apoyo a la Junta de Gobierno Local y al concejal-secretario de la misma, cuyo titular será nombrado entre funcionarios de Administración local con habilitación de carácter nacional. Sus funciones serán las siguientes:

   a) La asistencia al concejal-secretario de la Junta de Gobierno Local.

   b) La remisión de las convocatorias a los miembros de la Junta de Gobierno Local.

   c) El archivo y custodia de las convocatorias, órdenes del día y actas de las reuniones.

   d) Velar por la correcta y fiel comunicación de sus acuerdos.

19. En un Municipio de gran población, las deliberaciones de la Junta de Gobierno Local son:

a) Públicas, en todo caso.
b) Secretas, pero pueden acudir concejales no pertenecientes a la misma y los titulares de los órganos directivos, en ambos supuestos cuando sean convocados expresamente por el Alcalde.
c) Secretas, pero pueden acudir concejales no pertenecientes a la misma cuando sean convocados expresamente por el Alcalde.

Respuesta correcta: b) Secretas, pero pueden acudir concejales no pertenecientes a la misma y los titulares de los órganos directivos, en ambos supuestos cuando sean convocados expresamente por el Alcalde.

Según el artículo 126.5 LRL:

5. Las deliberaciones de la Junta de Gobierno Local son secretas. A sus sesiones podrán asistir los concejales no pertenecientes a la Junta y los titulares de los órganos directivos, en ambos supuestos cuando sean convocados expresamente por el Alcalde.

20. ¿Qué órgano es competente, en los municipios de gran población, para la aprobación de los proyectos de ordenanzas y reglamentos, incluidos los orgánicos, a excepción de las normas reguladoras del Pleno y de sus comisiones?

a) Al Pleno.
b) A la Junta de Gobierno Local.
c) Al Alcalde.

Respuesta correcta: b) A la Junta de Gobierno Local.

A tenor del art. 127 LRL, corresponde a la Junta de Gobierno Local:

a) La aprobación de los proyectos de ordenanzas y de los reglamentos, incluidos los orgánicos, con excepción de las normas reguladoras del Pleno y sus comisiones.

Solución al test n.º 5

1. a) Al menos 4.000 habitantes y siempre que los municipios resultantes sean financieramente sostenibles, cuenten con recursos suficientes para el cumplimiento de las competencias municipales y no suponga disminución en la calidad de los servicios que venían siendo prestados.

2. c) Delegable en uno de los concejales, en el caso de los municipios pertenecientes al régimen de gran población.

3. a) A la Junta de Gobierno Local.

4. c) Los municipios cuya población supere los 75.000 habitantes, que presenten circunstancias económicas, sociales, históricas o culturales especiales, y así lo decidan las Asambleas Legislativas correspondientes a iniciativa de los respectivos Ayuntamientos.

5. c) A la Junta de Gobierno Local.

6. a) La Junta de Gobierno Local responde políticamente ante el Pleno de su gestión de forma solidaria, sin perjuicio de la responsabilidad directa de cada uno de sus miembros por su gestión.

7. b) El Alcalde, el Pleno y la Junta de Gobierno; siendo indelegable en el caso del Pleno y la Junta de Gobierno.

8. c) Ejercer la potestad sancionadora salvo que por ley esté atribuida a otro órgano.

9. a) Eficiencia, suficiencia, agilidad y unidad en la gestión.

10. b) El titular de la Asesoría Jurídica.

11. a) Es responsable de ejercer como propias las competencias que a la Administración Tributaria local le atribuye la legislación tributaria.

12. b) Se denomina Intervención General Municipal.

13. c) Existirá un órgano para la resolución de las reclamaciones económico-administrativas.

14. a) Al Pleno.

15. b) El número de miembros de la Junta de Gobierno Local que ostentan la condición de concejales presentes sea superior al número de aquellos miembros presentes que no ostentan dicha condición.

16. c) Los miembros de la Junta de Gobierno Local podrán asistir a las sesiones del Pleno e intervenir en los debates, sin perjuicio de las facultades que corresponden a su Presidente.

17. a) Se exigirá que así lo decidan las Asambleas Legislativas correspondientes a iniciativa de los respectos ayuntamientos en los casos de la letra c) y d) del artículo 121 de la Ley 7/1985.

18. c) Uno de sus miembros que reúna la condición de concejal.

19. b) Secretas, pero pueden acudir concejales no pertenecientes a la misma y los titulares de los órganos directivos, en ambos supuestos cuando sean convocados expresamente por el Alcalde.

20. b) A la Junta de Gobierno Local.

TEST N.º 6

**Real Decreto Legislativo 2/2004, de 5 de marzo,
por el que se aprueba el Texto refundido de la
Ley Reguladora de las Haciendas Locales (I): Impuestos**

1. Señala, de entre los siguientes, cuáles son tributos propios de las entidades locales de acuerdo con el artículo 2.b) de la Ley de Haciendas Locales (LHL):

a) Las multas y sanciones en el ámbito de sus competencias, los impuestos, las contribuciones especiales y las tasas.

b) Los impuestos, las tasas, las contribuciones especiales, las multas y sanciones en el ámbito de sus competencias y los percibidos en concepto de precios públicos.

c) Las contribuciones especiales, las tasas y los impuestos y los recargos exigibles sobre los impuestos de las Comunidades Autónomas o de otras Entidades Locales.

2. Los vehículos denominados históricos, ¿a partir de que antigüedad mínima están bonificados del IVTM, contados desde su fecha de fabricación o primera matriculación, o en su defecto, desde la fecha en que el correspondiente tipo o variante se dejó de fabricar?

a) 25 años.
b) 30 años.
c) 35 años.

3. ¿En cuál de los siguientes supuestos no se permite el prorrateo del importe de la cuota del Impuesto sobre Vehículos de Tracción Mecánica (IVTM)?

a) En los casos de baja definitiva del vehículo.
b) En los casos de transmisión del vehículo.
c) En los casos de baja temporal por sustracción o robo de vehículo, desde el momento en que se produzca dicha baja temporal en el registro público correspondiente.

4. En relación con el Impuesto sobre Vehículos de Tracción Mecánica y según el artículo 92 de la Ley de Haciendas Locales, es cierto que:

a) Es un tributo indirecto que grava la tenencia de cualquier vehículo.

b) Es un tributo directo que grava la titularidad de los vehículos de esta naturaleza, aptos para circular por las vías públicas, cualesquiera que sean su clase y categoría.

c) Es un tributo indirecto que grava la posesión de vehículos aptos para circular por las vías públicas.

5. Según el artículo 20 de la Ley de Haciendas Locales, los ayuntamientos no podrán exigir tasas por:

a) La prestación de servicios públicos de su competencia que afecten particularmente a los sujetos pasivos.

b) La realización de actividades administrativas de su competencia que afecten particularmente a los sujetos pasivos.

c) La asistencia a las sesiones plenarias de la corporación.

6. En relación con el Impuesto sobre Construcciones, Instalaciones y Obras y según el artículo 102 de la Ley de Haciendas Locales, el devengo se produce:

a) En el momento de iniciarse la construcción, instalación u obra, aun cuando no se haya obtenido la correspondiente licencia.

b) En el momento de finalizar la obra o construcción.

c) En el momento de solicitar la licencia municipal correspondiente.

7. En relación con el Impuesto sobre el Incremento del Valor de los Terrenos de Naturaleza Urbana y según el artículo 104 de la Ley de Haciendas Locales, señala la respuesta incorrecta:

a) Es un tributo directo que grava el incremento del valor de los terrenos de naturaleza urbana.

b) Se pone de manifiesto como consecuencia de la transmisión de la propiedad de los terrenos por cualquier título o de la constitución o transmisión de cualquier derecho real de goce, limitativo del dominio sobre los referidos terrenos.

c) No se devengará el impuesto con ocasión de aportaciones de bienes inmuebles a la Iglesia Católica.

8. ¿A cuál de los siguientes supuestos se le aplica la exención automática en el IVTM?

a) A los vehículos para personas de movilidad reducida.

b) A los autobuses, microbuses y demás vehículos destinados o adscritos al servicio de transporte público urbano, siempre que tengan una capacidad que exceda de nueve plazas, incluida la del conductor.

c) A los vehículos matriculados a nombre de minusválidos para su uso exclusivo, aun cuando no se mantengan dichas circunstancias, tanto a los vehículos conducidos por personas con discapacidad como a los destinados a su transporte.

9. ¿Qué tipo de ingresos son los tributos?

a) De derecho privado.
b) De derecho común.
c) De derecho público.

10. Según la Ley de Haciendas Locales, ¿se puede considerar el producto de las operaciones de crédito un recurso de la Hacienda de las Entidades Locales?

a) No, en ningún caso.
b) No, salvo para los municipios de gran población.
c) Sí, así está previsto en la LHL.

11. Según el artículo 92.3. de la Ley de Haciendas Locales ¿cuáles de los siguientes vehículos no están sujetos al IVTM?

a) Las ambulancias y demás vehículos directamente destinados a la asistencia sanitaria o al traslado de heridos o enfermos.
b) Los tractores, remolques, semirremolques y maquinaria provistos de cartilla de inspección agrícola.
c) Los remolques y semirremolques arrastrados por vehículos de tracción mecánica cuya carga útil no sea superior a 750 kg.

12. Constituye el hecho imponible de las tasas:

a) La obtención por el sujeto pasivo de un beneficio o de un aumento de valor de sus bienes como consecuencia de la realización de obras públicas o del establecimiento o ampliación de servicios públicos, de carácter local, por las entidades respectivas.
b) La utilización privativa o el aprovechamiento especial del dominio público local, así como por la prestación de servicios públicos o la realización de actividades administrativas de competencia local que se refieran, afecten o beneficien de modo particular a los sujetos pasivos.
c) La realización, dentro del término municipal, de cualquier construcción, instalación u obra para la que se exija obtención de la correspondiente licencia de obras o urbanística, se haya obtenido o no dicha licencia, o para la que se exija presentación de declaración responsable o comunicación previa, siempre que la expedición de la licencia o la actividad de control corresponda al ayuntamiento de la imposición.

13. El Impuesto sobre Bienes Inmuebles (IBI) se devenga:

a) El primer día del periodo impositivo.
b) Al final de este periodo impositivo.
c) Con motivo de la venta de los bienes a él sujetos.

14. La LHL establece en su artículo 12.1 que la gestión, liquidación, inspección y recaudación de los tributos locales se realizará:

a) De acuerdo con la legislación vigente sobre esta materia en la comunidad autónoma de que se trate.

b) De acuerdo con lo previsto en la LGT y en las demás leyes del Estado reguladoras de la materia, así como en las disposiciones dictadas para su desarrollo.

c) De acuerdo con lo previsto en las leyes vigentes que regulan la recaudación tributaria en las Administraciones Locales.

15. Para que un tributo tenga naturaleza de tasa es necesario que:

a) Se produzca un aprovechamiento especial del dominio público.

b) La prestación del servicio no sea de recepción voluntaria por el administrado, sino que venga impuesta por normas legales.

c) Cualquiera de las alternativas anteriores puede considerarse correcta.

En MADTEST tienes **más preguntas de este tema, algunas de ellas comentadas y argumentadas**, y todos tus avances quedan registrados y se reflejan en el ranking.

¡Supera tus límites con MADTEST!

A continuación te presentamos algunos ejemplos de preguntas comentadas:

16. ¿Qué porcentaje máximo podrá tener una bonificación a favor de los sujetos pasivos que domicilien sus deudas de vencimiento periódico en una entidad financiera?

a) 2 %.
b) 4 %.
c) 5 %.

Respuesta correcta: c) 5 %.

A tenor del art. 9.1 TR-LHL:

No podrán reconocerse otros beneficios fiscales en los tributos locales que los expresamente previstos en las normas con rango de ley o los derivados de la aplicación de los Tratados Internacionales.

No obstante, también podrán reconocerse los beneficios fiscales que las Entidades Locales establezcan en sus ordenanzas fiscales en los supuestos expresamente previstos por la ley. En particular, y en las condiciones que puedan prever dichas ordenanzas, estas podrán establecer un bonificación de hasta el cinco por ciento de la cuota a favor de los sujetos pasivos que domicilien sus deudas de vencimiento periódico en una entidad financiera, anticipen pagos o realicen actuaciones que impliquen colaboración en la recaudación de ingresos.

17. La cuota líquida del IBI se obtiene:

a) Aplicando a la base liquidable las reducciones correspondientes.
b) Minorando la cuota líquida en el importe de las bonificaciones previstas legalmente.
c) Ninguna es correcta.

Respuesta correcta: c) Ninguna es correcta.

A tenor del art. 71 TR-LHL, la cuota íntegra de este Impuesto será el resultado de aplicar a la base liquidable el tipo de gravamen, y la cuota líquida se obtendrá minorando la cuota íntegra en el importe de las bonificaciones previstas legalmente.

18. ¿Por qué motivo pueden exigir los Ayuntamientos un recargo del 50 % sobre la cuota líquida del IBI?

a) Porque reside una familia numerosa.
b) Porque sea de uso residencial y se encuentre desocupado de forma permanente.
c) Porque se encuentre desocupado con carácter permanente, indistintamente de su uso.

Respuesta correcta: b) Porque sea de uso residencial y se encuentre desocupado de forma permanente.

Conforme al artículo 72 TR-LHL:

Tratándose de inmuebles de uso residencial que se encuentren desocupados con carácter permanente, los ayuntamientos podrán exigir un recargo de hasta el 50 por ciento de la cuota líquida del impuesto.

19. En el Impuesto sobre Actividades Económicas (IAE), la exposición de artículos para regalo a los clientes:

a) Está sujeto al impuesto.
b) Está sujeto al impuesto pero exenta.
c) Está sujeta al impuesto, pero no tributa.

Respuesta correcta: a) Está sujeto al impuesto.

Según el artículo 81 TR-LHL:

No constituyen hecho imponible el ejercicio de las siguientes actividades:

c) La exposición de artículos con el fin exclusivo de decoración o adorno del establecimiento. Por el contrario, estará sujeta al Impuesto la exposición de artículos para regalo a los clientes.

20. Para que una carretera no esté sujeta al IBI debe ser:

a) De aprovechamiento público y gratuito para los usuarios.
b) Patrimonial del Estado.
c) De peaje.

Respuesta correcta: a) De aprovechamiento público y gratuito para los usuarios.

Según el artículo 61 TR-LHL:

5. No están sujetos a este Impuesto:

a) Las carreteras, los caminos, las demás vías terrestres y los bienes del dominio público marítimo-terrestre e hidráulico, siempre que sean de aprovechamiento público y gratuito para los usuarios.

Solución al test n.º 6

1. c) Las contribuciones especiales, las tasas y los impuestos y los recargos exigibles sobre los impuestos de las Comunidades Autónomas o de otras Entidades Locales.

2. a) 25 años.

3. b) En los casos de transmisión del vehículo.

4. b) Es un tributo directo que grava la titularidad de los vehículos de esta naturaleza, aptos para circular por las vías públicas, cualesquiera que sean su clase y categoría.

5. c) La asistencia a las sesiones plenarias de la corporación.

6. a) En el momento de iniciarse la construcción, instalación u obra, aun cuando no se haya obtenido la correspondiente licencia.

7. c) No se devengará el impuesto con ocasión de aportaciones de bienes inmuebles a la Iglesia Católica.

8. b) A los autobuses, microbuses y demás vehículos destinados o adscritos al servicio de transporte público urbano, siempre que tengan una capacidad que exceda de nueve plazas, incluida la del conductor.

9. c) De derecho público.

10. c) Sí, así está previsto en la LHL.

11. c) Los remolques y semirremolques arrastrados por vehículos de tracción mecánica cuya carga útil no sea superior a 750 kg.

12. b) La utilización privativa o el aprovechamiento especial del dominio público local, así como por la prestación de servicios públicos o la realización de actividades administrativas de competencia local que se refieran, afecten o beneficien de modo particular a los sujetos pasivos.

13. a) El primer día del periodo impositivo.

14. b) De acuerdo con lo previsto en la LGT y en las demás leyes del Estado reguladoras de la materia, así como en las disposiciones dictadas para su desarrollo.

15. c) Cualquiera de las alternativas anteriores puede considerarse correcta.

16. c) 5 %.

17. c) Ninguna es correcta.

18. b) Porque sea de uso residencial y se encuentre desocupado de forma permanente.

19. a) Está sujeto al impuesto.

20. a) De aprovechamiento público y gratuito para los usuarios.

Real Decreto Legislativo 2/2004, de 5 de marzo, por el que se aprueba el Texto refundido de la Ley Reguladora de las Haciendas Locales (II): Tasas. Contribuciones especiales. Precios públicos

1. De conformidad con lo dispuesto en el artículo 20 del Real Decreto Legislativo 2/2004, de 5 de marzo, por el que se aprueba el Texto Refundido de la Ley Reguladora de las Haciendas Locales, la prestación patrimonial que establecen las entidades locales por la prestación de un servicio público o la realización de una actividad administrativa en régimen de derecho público de competencia local que se refiera, afecte o beneficie de modo particular al sujeto pasivo, cuando no sea de solicitud o recepción voluntaria por los administrados, tendrá la consideración de:

a) Precio público.
b) Tasa.
c) Contribución especial.

2. El importe de los precios públicos deberá cubrir como mínimo el coste del servicio prestado o de la actividad realizada:

a) Siempre.
b) Cuando existan razones sociales, benéficas, culturales o de interés público que así lo aconsejen puede fijarse por debajo del coste del servicio o actividad.
c) Debe cubrir con carácter preceptivo el 90 % del coste del servicio.

3. Las Entidades Locales podrán establecer tasas por cualquier supuesto de utilización privativa o aprovechamiento especial del dominio público local. De las que se exponen a continuación, ¿cuál queda fuera de esta competencia, aun siendo una tasa?

a) Portadas, escaparates y vitrinas.
b) Otorgamiento de las licencias urbanísticas exigidas por la legislación del suelo y ordenación urbana o realización de las actividades administrativas de control en los supuestos en los que la exigencia de licencia fuera sustituida por la presentación de declaración responsable o comunicación previa.
c) Ocupación de terrenos de uso público local con mesas, sillas, tribunas, tablados y otros elementos análogos, con finalidad lucrativa.

4. A los efectos de determinar la base imponible en las contribuciones especiales, se entenderá por coste soportado por la entidad:

a) La cuantía resultante de restar a la cifra del coste total el importe de las subvenciones o auxilios que la Entidad local obtenga del Estado o de cualquier otra persona, o Entidad pública o privada.

b) La cifra del coste total sin tener en cuenta las subvenciones o auxilios que la Entidad local obtenga del Estado o de cualquier otra persona, o Entidad pública o privada.

c) La cuantía resultante de restar a la cifra del coste total el importe de las subvenciones o auxilios que la Entidad local obtenga del Estado sin tener en cuenta a otra persona, o Entidad pública o privada.

5. ¿Cuál de las siguientes afirmaciones referidas a las tasas y precios públicos es correcta?

a) El precio público es un ingreso de carácter tributario y la tasa no.

b) Tanto la tasa como el precio público son ingresos de carácter tributario.

c) La tasa es un ingreso de carácter tributario y el precio público no.

6. Por la construcción en terrenos de uso público local de un aljibe, se podrá establecer:

a) Tasa.

b) Precio público.

c) Contribución especial.

7. Según el artículo 23 de la LHL, son sujetos pasivos de las tasas, en concepto de contribuyente:

a) Los administrados que se benefician de los bienes del municipio limítrofe.

b) Personas físicas y jurídicas que estén afectados por los servicios o actividades locales que presten o realicen la entidad local correspondiente.

c) Personas que utilicen el dominio público en beneficio de todos los vecinos del Estado.

8. ¿Podrán las Entidades Locales establecer tasas en el supuesto de ocupación de terrenos con mercancías, materiales de construcción, escombros, vallas, andamios y otras instalaciones análogas?

a) No, nunca.

b) Sí, siempre que sean terrenos de uso público local.

c) Sí, tanto si son terrenos públicos como privados.

9. De conformidad con lo dispuesto en el Texto Refundido de la Ley Reguladora de las Haciendas Locales, las entidades locales no pueden exigir tasas por los servicios de:

a) Limpieza en la vía pública.

b) Instalación de anuncios ocupando terrenos de dominio público local.

c) Entradas de vehículos a través de las aceras.

10. En relación con los recursos de los Ayuntamientos señala qué afirmación no es correcta:

a) Las contraprestaciones económicas que se perciban por la prestación de los servicios públicos de competencia local, en régimen de concesión, tendrán la condición de prestaciones patrimoniales de carácter público no tributario.

b) Los ayuntamientos podrán establecer una tasa para la celebración de los matrimonios en forma civil.

c) Tendrán también la consideración de ingresos de derecho privado el importe obtenido en la enajenación de bienes integrantes del patrimonio de las entidades locales como consecuencia de su desafectación como bienes de dominio público y posterior venta, aunque hasta entonces estuvieran sujetos a concesión administrativa.

11. La cuota tributaria de una tasa consistirá en:

a) La cantidad resultante de aplicar una tarifa.

b) Una cantidad fija señalada al efecto.

c) Ambas son correctas.

12. Cuando por causas no imputables al sujeto pasivo de la tasa, no se realice la actividad en que consiste su hecho imponible:

a) Podrá presentar recurso contencioso-administrativo.

b) Podrá instar la realización forzosa mediante un procedimiento especial y sumario en la propia Administración.

c) Podrá obtener la devolución de la tasa.

13. El importe de las tasas previstas por la utilización privativa o el aprovechamiento especial del dominio público local se fijará de acuerdo con las siguientes reglas. Señala cuál es correcta:

a) Con carácter particular, tomando como referencia el valor que tendría en el mercado la utilidad derivada de dicha utilización o aprovechamiento, si los bienes afectados no fuesen de dominio público. A tal fin, las ordenanzas fiscales deberán señalar en cada caso, atendiendo a la naturaleza específica de la utilización privativa o del aprovechamiento especial de que se trate, los criterios y parámetros que permitan definir el valor de mercado de la utilidad derivada.

b) Cuando se utilicen procedimientos de licitación pública, el importe de la tasa vendrá determinado por el valor económico de la proposición sobre la que recaiga la concesión, autorización o adjudicación.

c) Cuando se trate de tasas por utilización privativa o aprovechamientos especiales constituidos en el suelo, subsuelo o vuelo de las vías públicas municipales, a favor de empresas explotadoras de servicios de suministros que resulten de interés general o afecten a la generalidad o a una parte importante del vecindario, el importe de aquellas consistirá, en todo caso y sin excepción alguna, en el 3,5 % de los ingresos brutos procedentes de la facturación que obtengan anualmente en cada término municipal las referidas empresas.

14. En relación con las contribuciones especiales, tendrán la consideración de obras y servicios locales, tal y como establece el artículo 29 de la Ley de Haciendas Locales:

a) Los que realicen las entidades locales fuera del ámbito de sus competencias para cumplir los fines que les estén atribuidos, sin excepción alguna.

b) Los que realicen dichas entidades por haberles sido atribuidos o delegados por otras entidades públicas y aquellos cuya titularidad hayan asumido de acuerdo con la ley.

c) Los que realicen otras entidades públicas y los concesionarios de estos, sin ninguna aportación económica por parte de la entidad local.

15. Como sujetos pasivos de las contribuciones especiales, se considerarán personas especialmente beneficiadas:

a) En las contribuciones especiales por realización de obras o establecimiento o ampliación de servicios a consecuencia de explotaciones empresariales, las empresas suministradoras que deban utilizarlas.

b) En las contribuciones especiales por el establecimiento o ampliación de los servicios de extinción de incendios, además de los propietarios de los bienes afectados, las compañías de seguros que desarrollen su actividad en el ramo, en el término municipal correspondiente.

c) En las contribuciones especiales por construcción de galerías subterráneas, las personas o entidades titulares de estas.

En MADTEST tienes **más preguntas de este tema, algunas de ellas comentadas y argumentadas**, y todos tus avances quedan registrados y se reflejan en el ranking.

¡Supera tus límites con MADTEST!

A continuación te presentamos algunos ejemplos de preguntas comentadas:

16. La base imponible de las contribuciones especiales está constituida, como máximo, por el 90 % del coste que la entidad local soporte por la realización de las obras o por el establecimiento o ampliación de los servicios. El referido coste estará integrado por los siguientes conceptos:

a) Las indemnizaciones de los trabajos periciales, de redacción de proyectos y de dirección de obras, planes y programas técnicos.

b) El coste real procedente por el derribo de construcciones, destrucción de plantaciones, obras o instalaciones, así como las que procedan a los arrendatarios de los bienes que hayan de ser derruidos u ocupados.

c) El importe de las obras a realizar o de los trabajos de establecimiento o ampliación de los servicios.

Respuesta correcta: c) El importe de las obras a realizar o de los trabajos de establecimiento o ampliación de los servicios.

En base al artículo 31 TR-LHL:

1. La base imponible de las contribuciones especiales está constituida, como máximo, por el 90 por ciento del coste que la entidad local soporte por la realización de las obras o por el establecimiento o ampliación de los servicios.

2. El referido coste estará integrado por los siguientes conceptos:

   (...)

   b) El importe de las obras a realizar o de los trabajos de establecimiento o ampliación de los servicios.

17. Las tasas podrán devengarse, según la naturaleza de su hecho imponible y conforme determine la respectiva ordenanza fiscal:

a) Cuando se inicie el uso privativo o el aprovechamiento especial, o cuando se inicie la prestación del servicio o la realización de la actividad, aunque en ambos casos podrá exigirse el depósito previo de su importe total o parcial.
b) Cuando se presente la solicitud que inicie la actuación o el expediente, que no se realizará o tramitará sin que se haya efectuado el pago correspondiente.
c) Ambas son correctas.

Respuesta correcta: c) Ambas son correctas.

Según el art. 26 TR-LHL, las tasas podrán devengarse, según la naturaleza de su hecho imponible y conforme determine la respectiva Ordenanza Fiscal:

a) Cuando se inicie el uso privativo o el aprovechamiento especial, o cuando se inicie la prestación del servicio o la realización de la actividad, aunque en ambos casos podrá exigirse el depósito previo de su importe total o parcial.

b) Cuando se presente la solicitud que inicie la actuación o el expediente, que no se realizará o tramitará sin que se haya efectuado el pago correspondiente.

18. ¿Pueden las entidades locales establecer convenios de colaboración con entidades, instituciones y organizaciones representativas de los sujetos pasivos de las tasas?

a) Sí, de forma excepcional, tal y como establece el artículo 142 de la Constitución Española.
b) Sí, con el fin de ampliar los plazos de procedimientos de liquidación o recaudación.
c) Sí, con el fin de simplificar el cumplimiento de las obligaciones formales y materiales derivadas.

Respuesta correcta: c) Sí, con el fin de simplificar el cumplimiento de las obligaciones formales y materiales derivadas.

Según el art. 27 TR-LHL:

1. Las entidades locales podrán exigir las tasas en régimen de autoliquidación.

2. Las entidades locales podrán establecer convenios de colaboración con entidades, instituciones y organizaciones representativas de los sujetos pasivos de las tasas, con el fin de simplificar el cumplimiento de las obligaciones formales y materiales derivadas de aquéllas, o los procedimientos de liquidación o recaudación.

19. Tienen la consideración de tasas, las prestaciones patrimoniales que establezcan las entidades locales por:

a) La utilización privativa o el aprovechamiento especial del dominio público privado.
b) La prestación de un servicio público o la realización de una actividad administrativa en régimen de derecho privado.
c) Ninguna es correcta.

Respuesta correcta: c) Ninguna es correcta.

Según el art. 20.1 TR-LHL:

1. Las entidades locales, en los términos previstos en esta ley, podrán establecer tasas por la utilización privativa o el aprovechamiento especial del dominio público local, así como por la prestación de servicios públicos o la realización de actividades administrativas de competencia local que se refieran, afecten o beneficien de modo particular a los sujetos pasivos.

   En todo caso, tendrán la consideración de tasas las prestaciones patrimoniales que establezcan las entidades locales por:

   a) La utilización privativa o el aprovechamiento especial del dominio público local.

   b) La prestación de un servicio público o la realización de una actividad administrativa en régimen de derecho público de competencia local que se refiera, afecte o beneficie de modo particular al sujeto pasivo (…).

20. Las entidades locales podrán establecer tasas por cualquier supuesto de utilización privativa o aprovechamiento especial del dominio público local. No podrán por el siguiente:

a) Tránsito de ganados sobre vías públicas o terrenos de dominio público local.
b) Muros de contención o sostenimiento de tierras, edificaciones o cercas, ya sean definitivas o provisionales, en vías públicas locales.
c) Instalación de anuncios sin ocupar terrenos de dominio público local.

Respuesta correcta: c) Instalación de anuncios sin ocupar terrenos de dominio público local.

Ninguna de las opciones que ofrece esta pregunta se encuentran recogidas en el artículo 20.3 TR-LHL, según el cual, conforme a lo previsto en el apartado 1 de este artículo, las entidades locales podrán establecer tasas por cualquier supuesto de utilización privativa o aprovechamiento especial del dominio público local, y en particular por una serie de ellos.

Solución al test n.º 7

1. b) Tasa.

2. b) Cuando existan razones sociales, benéficas, culturales o de interés público que así lo aconsejen puede fijarse por debajo del coste del servicio o actividad.

3. b) Otorgamiento de las licencias urbanísticas exigidas por la legislación del suelo y ordenación urbana o realización de las actividades administrativas de control en los supuestos en los que la exigencia de licencia fuera sustituida por la presentación de declaración responsable o comunicación previa.

4. a) La cuantía resultante de restar a la cifra del coste total el importe de las subvenciones o auxilios que la Entidad local obtenga del Estado o de cualquier otra persona, o Entidad pública o privada.

5. c) La tasa es un ingreso de carácter tributario y el precio público no.

6. a) Tasa.

7. b) Personas físicas y jurídicas que estén afectados por los servicios o actividades locales que presten o realicen la entidad local correspondiente.

8. b) Sí, siempre que sean terrenos de uso público local.

9. a) Limpieza en la vía pública.

10. a) Las contraprestaciones económicas que se perciban por la prestación de los servicios públicos de competencia local, en régimen de concesión, tendrán la condición de prestaciones patrimoniales de carácter público no tributario.

11. c) Ambas son correctas.

12. c) Podrá obtener la devolución de la tasa.

13. b) Cuando se utilicen procedimientos de licitación pública, el importe de la tasa vendrá determinado por el valor económico de la proposición sobre la que recaiga la concesión, autorización o adjudicación.

14. b) Los que realicen dichas entidades por haberles sido atribuidos o delegados por otras entidades públicas y aquellos cuya titularidad hayan asumido de acuerdo con la ley.

15. b) En las contribuciones especiales por el establecimiento o ampliación de los servicios de extinción de incendios, además de los propietarios de los bienes afectados, las compañías de seguros que desarrollen su actividad en el ramo, en el término municipal correspondiente.

16. c) El importe de las obras a realizar o de los trabajos de establecimiento o ampliación de los servicios.

17. c) Ambas son correctas.

18. c) Sí, con el fin de simplificar el cumplimiento de las obligaciones formales y materiales derivadas.

19. c) Ninguna es correcta.

20. c) Instalación de anuncios sin ocupar terrenos de dominio público local.

La Ley de Capitalidad y de Régimen Especial de Madrid. Las competencias del Ayuntamiento de Madrid

1. En las materias no reguladas en la Ley 22/2006, de 4 de julio, será de aplicación a la ciudad de Madrid:

a) Lo dispuesto en la legislación estatal básica en materia de gobierno y administración local, y, en su caso, en la legislación autonómica de desarrollo.
b) La restante legislación del Estado y de la Comunidad de Madrid, en función de la distribución constitucional y estatutaria de competencias.
c) Ambas son correctas.

2. Se establece en la Ley 22/2006, de 4 de julio, que el Gobierno y la Administración de la ciudad de Madrid comprende las funciones de ordenación y ejecución en los asuntos de la competencia municipal, las cuales se ejercen por:

a) La Comunidad Autónoma.
b) El Ayuntamiento.
c) La Diputación Provincial.

3. La Ley 22/2006, de 4 de julio, atribuye al Ayuntamiento de la Ciudad de Madrid, para la efectividad de la autonomía para la gestión de sus intereses, competencias en materia de:

a) Infraestructuras, movilidad, seguridad ciudadana y régimen jurídico y procedimiento.
b) Infraestructuras, seguridad ciudadana y régimen jurídico y procedimiento.
c) Infraestructuras, movilidad, seguridad ciudadana y régimen jurídico.

4. Dispone la Ley 22/2006, de 4 de julio, en relación con la Comisión Interadministrativa de Capitalidad que:

a) Se trata de un órgano de cooperación para la mejor articulación del régimen de capitalidad previsto en la ley.
b) Estará formada por igual número de miembros de dos administraciones.
c) Su presidencia corresponde al gobierno de la Comunidad de Madrid.

5. Se regula en la Ley 22/2006, de 4 de julio, que la presidencia de la Comisión Interadministrativa de Capitalidad corresponde:

a) Al Ayuntamiento.
b) Al Estado.
c) A la Comunidad Autónoma.

6. Según la Ley 22/2006, de 4 de julio, son órganos ejecutivos de dirección política y administrativa:

a) El Alcalde, la Junta de Gobierno, los Secretarios, los concejales con responsabilidades de gobierno, los miembros no electos de la Junta de Gobierno y los que se determinen en el correspondiente Reglamento orgánico.
b) El Alcalde, la Junta de Gobierno, los Tenientes de Alcalde, los concejales con responsabilidades de gobierno, los miembros electos de la Junta de Gobierno y los que se determinen en el correspondiente Reglamento orgánico.
c) El Alcalde, la Junta de Gobierno, los Tenientes de Alcalde, los concejales con responsabilidades de gobierno, los miembros no electos de la Junta de Gobierno y los que se determinen en el correspondiente Reglamento orgánico.

7. Se exigirá la responsabilidad penal, así como la civil en que pudieran haber incurrido con ocasión del ejercicio de sus cargos, conforme a lo que disponga la Ley Orgánica del Poder Judicial, del:

a) Alcalde, los Tenientes de Alcalde y restantes concejales del Ayuntamiento de Madrid.
b) Alcalde, el Pleno y los restantes concejales del Ayuntamiento de Madrid.
c) Alcalde, los Tenientes de Alcalde y Secretarios del Ayuntamiento de Madrid.

8. La Ley 22/2006, de 4 de julio, en su artículo 9, establece que las sesiones del Pleno son:

a) Públicas, pero podrán ser secretos el debate y votación de aquellos asuntos que puedan afectar al derecho fundamental de los ciudadanos a que se refiere el artículo 18.1 de la Constitución, cuando así se acuerde por mayoría simple.
b) Secretas, pero podrán ser públicos el debate y votación de aquellos asuntos que puedan afectar al derecho fundamental de los ciudadanos a que se refiere el artículo 18.1 de la Constitución, cuando así se acuerde por mayoría absoluta.
c) Públicas, pero podrán ser secretos el debate y votación de aquellos asuntos que puedan afectar al derecho fundamental de los ciudadanos a que se refiere el artículo 18.1 de la Constitución, cuando así se acuerde por mayoría absoluta.

9. Tal y como se establece en la Ley 22/2006, de 4 de julio, el Pleno podrá elegir a su Presidente y Vicepresidente:

a) A iniciativa del Teniente de Alcalde de entre los concejales.
b) A iniciativa del Alcalde y entre los concejales.
c) A iniciativa del Alcalde de entre los miembros de la Junta de Gobierno.

10. Establece la Ley 22/2006, de 4 de julio, respecto a la elección del Presidente del Pleno, que resultará elegido quien:

a) Obtenga el voto de la mayoría absoluta de los miembros del Pleno.
b) Obtenga el voto de la mayoría simple de los miembros del Pleno.
c) Obtenga el voto de todos los miembros del Pleno.

11. Dispone la Ley 22/2006, de 4 de julio, que son funciones del Presidente del Pleno:

a) Asegurar la buena marcha de sus trabajos e interpretar sus normas de funcionamiento.
b) Convocar y presidir las sesiones y dirigir y mantener el orden de los debates.
c) Ambas son correctas.

12. Según la Ley 22/2006, de 4 de julio, corresponde al Pleno:

a) La aprobación y modificación de las ordenanzas y reglamentos municipales.
b) El seguimiento de la gestión del Alcalde.
c) La comunicación y aprobación de los acuerdos plenarios.

13. La Ley 22/2006, de 4 de julio, establece que se requerirá el voto favorable de la mayoría absoluta del número legal de miembros del Pleno para la adopción de los acuerdos sobre:

a) La aprobación y modificación de las ordenanzas y reglamentos municipales.
b) Los acuerdos relativos a la delimitación y alteración del término municipal y la adopción o modificación de su bandera, enseña o escudo.
c) Establecer el régimen retributivo de los miembros del Pleno, de su Secretario General, del Alcalde, de los miembros de la Junta de Gobierno y de los órganos directivos municipales.

14. Según la Ley 22/2006, de 4 de Julio, el Pleno contará con un Secretario General al que corresponderán las siguientes funciones:

a) La redacción y custodia de las actas, así como la supervisión y autorización de las mismas, con el visto bueno del Vicepresidente del Pleno.
b) La expedición, con el visto bueno del Presidente del Pleno, de las certificaciones de los actos y acuerdos que se adopten.
c) La asistencia al Presidente del Pleno para asegurar la convocatoria de las sesiones, el orden en los debates y la correcta celebración de las votaciones, así como la colaboración en el normal desarrollo de los trabajos del Pleno y de la Secretaría General.

15. Tal y como se regula en el artículo 14 de la Ley 22/2006, de 4 de julio, corresponde al Alcalde:

a) Ostentar la máxima representación de la Comunidad.
b) Impulsar la política municipal y dirigir la acción de los restantes órganos ejecutivos.
c) Ejercer la superior dirección de la Administración ejecutiva municipal y responder ante la Junta de Gobierno por su gestión política.

En MADTEST tienes **más preguntas de este tema, algunas de ellas comentadas y argumentadas**, y todos tus avances quedan registrados y se reflejan en el ranking.

¡Supera tus límites con MADTEST!

A continuación te presentamos algunos ejemplos de preguntas comentadas:

16. La Ley 22/2006, de 4 de julio, no establece como funciones del Alcalde las siguientes:

a) La determinación de los recursos propios de carácter tributario.

b) Decidir los empates con voto de calidad en todos los órganos municipales colegiados en los que participe.

c) Nombrar y cesar a los miembros de la Junta de Gobierno, a los Tenientes de Alcalde y a los Presidentes de los Distritos.

Respuesta correcta: a) La determinación de los recursos propios de carácter tributario.

Esta es una competencia que corresponde al Pleno, en base al artículo 11 de la Ley 22/2006, de 4 de julio, de Capitalidad y de Régimen Especial de Madrid.

17. El artículo 15 de la Ley 22/2006, de 4 de julio, establece que los Tenientes de Alcalde serán nombrados por el Alcalde, de entre los miembros:

a) Del Pleno que ostenten la condición de concejal.

b) De las Secciones que ostenten la condición de concejal.

c) De la Junta de Gobierno que ostenten la condición de concejal.

Respuesta correcta: c) De la Junta de Gobierno que ostenten la condición de concejal.

Según el artículo 15 de la Ley 22/2006: El Alcalde podrá nombrar de entre los miembros de la Junta de Gobierno que ostenten la condición de Concejal, a los Tenientes de Alcalde, que le sustituirán por el orden de su nombramiento en los casos de vacante, ausencia o enfermedad.

18. Según la Ley 22/2006, de 4 de julio, corresponde al Alcalde nombrar y separar libremente a los miembros de la Junta de Gobierno, cuyo número no podrá exceder:

a) De un tercio del número legal de miembros del Pleno, además del Alcalde.

b) De la mitad del número legal de miembros del Pleno, además del Alcalde.

c) De un tercio del número legal de miembros del Pleno, excluido del Alcalde.

Respuesta correcta: a) De un tercio del número legal de miembros del Pleno, además del Alcalde.

Según el artículo 16 de la Ley 22/2006:

Artículo 16. Junta de Gobierno.

1. La Junta de Gobierno es el órgano ejecutivo de dirección política y administrativa.

2. Corresponde al Alcalde nombrar y separar libremente a los miembros de la Junta de Gobierno, cuyo número no podrá exceder de un tercio del número legal de miembros del Pleno, además del Alcalde. (...)

19. Tal y como establece la Ley 22/2006, de 4 de julio, las sesiones de la Junta de Gobierno son:

a) Públicas, no obstante, podrán celebrarse sesiones privadas, por acuerdo de la propia Junta, cuando la naturaleza de los asuntos a debatir así lo haga procedente.
b) Secretas, en todo caso.
c) Secretas, no obstante, podrán celebrarse sesiones públicas, por acuerdo de la propia Junta, cuando la naturaleza de los asuntos a debatir así lo haga procedente.

Respuesta correcta: c) Secretas, no obstante, podrán celebrarse sesiones públicas, por acuerdo de la propia Junta, cuando la naturaleza de los asuntos a debatir así lo haga procedente.

Según el artículo 16.5 de la Ley 22/2006: Las sesiones de la Junta de Gobierno son secretas; no obstante podrán celebrarse sesiones públicas por acuerdo de la propia Junta, cuando la naturaleza de los asuntos a debatir así lo haga procedente.

20. Establece el artículo 17 de la Ley 22/2006, de 4 de julio, que corresponden a la Junta de Gobierno las siguientes funciones:

a) La ordenación de pagos.
b) La aprobación del proyecto de presupuesto.
c) La firma de convenios.

Respuesta correcta: b) La aprobación del proyecto de presupuesto.

Así se establece en la letra c del artículo 17.1 de la Ley 22/2006.

Solución al test n.º 8

1. c) Ambas son correctas.

2. b) El Ayuntamiento.

3. a) Infraestructuras, movilidad, seguridad ciudadana y régimen jurídico y procedimiento.

4. a) Se trata de un órgano de cooperación para la mejor articulación del régimen de capitalidad previsto en la ley.

5. b) Al Estado.

6. c) El Alcalde, la Junta de Gobierno, los Tenientes de Alcalde, los concejales con responsabilidades de gobierno, los miembros no electos de la Junta de Gobierno y los que se determinen en el correspondiente Reglamento orgánico.

7. a) Alcalde, los Tenientes de Alcalde y restantes concejales del Ayuntamiento de Madrid.

8. c) Públicas, pero podrán ser secretos el debate y votación de aquellos asuntos que puedan afectar al derecho fundamental de los ciudadanos a que se refiere el artículo 18.1 de la Constitución, cuando así se acuerde por mayoría absoluta.

9. b) A iniciativa del Alcalde y entre los concejales.

10. a) Obtenga el voto de la mayoría absoluta de los miembros del Pleno.

11. c) Ambas son correctas.

12. a) La aprobación y modificación de las ordenanzas y reglamentos municipales.

13. b) Los acuerdos relativos a la delimitación y alteración del término municipal y la adopción o modificación de su bandera, enseña o escudo.

14. b) La expedición, con el visto bueno del Presidente del Pleno, de las certificaciones de los actos y acuerdos que se adopten.

15. b) Impulsar la política municipal y dirigir la acción de los restantes órganos ejecutivos.

16. a) La determinación de los recursos propios de carácter tributario.

17. c) De la Junta de Gobierno que ostenten la condición de concejal.

18. a) De un tercio del número legal de miembros del Pleno, además del Alcalde.

19. c) Secretas, no obstante, podrán celebrarse sesiones públicas, por acuerdo de la propia Junta, cuando la naturaleza de los asuntos a debatir así lo haga procedente.

20. b) La aprobación del proyecto de presupuesto.

TEST N.º 9

La organización política y administrativa del Ayuntamiento de Madrid (I): el Pleno, el Alcalde, los Tenientes de Alcalde y la Junta de Gobierno

1. La Junta de Gobierno Local, en la ciudad de Madrid es:

a) El principal órgano de dirección de la política, el gobierno y la administración municipal.
b) El órgano esencial de colaboración en la dirección política del Ayuntamiento.
c) El máximo órgano de representación política de los ciudadanos en el gobierno municipal.

2. El Ayuntamiento de Madrid se organiza y actúa, con sometimiento pleno a la Ley y al Derecho, de acuerdo con los principios de:

a) Eficacia, descentralización funcional, desconcentración, coordinación y servicio al ciudadano.
b) Eficacia, descentralización funcional, desconcentración, cooperación, gestión y servicio al ciudadano.
c) Eficacia, eficiencia, descentralización funcional, desconcentración, coordinación y servicio al ciudadano.

3. ¿Con qué dos principios actúa el Ayuntamiento de Madrid, en sus relaciones con los ciudadanos?

a) Eficacia y eficiencia.
b) Transparencia y participación.
c) Buena fe y confianza legítima.

4. Señala la respuesta incorrecta, en relación con la creación, modificación y supresión de órganos y unidades administrativas:

a) Los órganos directivos y las Subdirecciones Generales se crean, modifican o suprimen por el Pleno, a través de los Acuerdos de organización administrativa, a propuesta del titular del Área de Gobierno correspondiente y previo informe del órgano directivo competente en materia de organización municipal.

b) Los Servicios, Departamentos y las unidades administrativas de nivel inferior a estos, así como los demás puestos de trabajo, se crean, modifican y suprimen a través de la relación de puestos de trabajo.

c) Una vez creados, modificados o suprimidos los órganos y unidades administrativas, el Alcalde procederá a las adaptaciones de la relación de puestos de trabajo y de la plantilla presupuestaria que resulten necesarias.

5. Las Comisiones constituidas por acuerdo del Pleno para un asunto concreto, con fines de estudio, elaboración de propuestas u otros de naturaleza análoga, sin carácter resolutorio, son las denominadas:

a) Comisiones extraordinarias.
b) Comisiones de investigación.
c) Comisiones no permanentes.

6. Señala la respuesta correcta respecto a las Comisiones de Investigación:

a) Se deberán crear por mayoría absoluta.
b) Sus conclusiones se reflejarán en un dictamen que habrá de ser debatido y votado por el Pleno.
c) Se podrán crear por mayoría simple, a propuesta de la Alcaldía, de la Junta de Gobierno Local o de un grupo municipal.

7. El artículo 8 del Reglamento Orgánico del Pleno del Ayuntamiento de Madrid trata el derecho y deber de asistencia. ¿Cuál de las siguientes opciones es correcta?

a) Indica que estos tienen el tratamiento de excelencia.
b) Expresa que estos deberán optar por un régimen de dedicación en el plazo de un mes desde que adquieran la condición de concejal, opción inicial que no podrán cambiar posteriormente.
c) Los concejales tienen el derecho y el deber de asistir, con voz y voto, a las sesiones del Pleno y a las de aquellos otros órganos colegiados de los que formen parte, salvo justa causa que se lo impida, que deberán comunicar con antelación suficiente al presidente del órgano de que se trate.

8. Una de las siguientes no es una norma que debe regir en la adscripción a los grupos municipales del Ayuntamiento de Madrid:

a) Se constituirá un grupo municipal por cada lista electoral que hubiera obtenido representación en el Ayuntamiento. Para poder constituir y mantener un grupo municipal será necesario contar con un mínimo de dos concejales, con excepción del Grupo Mixto.
b) Ningún concejal podrá quedar adscrito a más de un grupo municipal.
c) Ningún concejal podrá pertenecer a un grupo municipal diferente de aquel que corresponda a la lista electoral de la que hubiera formado parte. Las formaciones políticas que integren una coalición electoral, no podrán formar grupos independientes cuando se disuelva la coalición correspondiente.

9. La Junta de Portavoces es el órgano deliberante y consultivo del Ayuntamiento de Madrid. Además de debatir el orden del día de las sesiones ordinarias del Pleno, le corresponden, en particular, las siguientes funciones:

a) Determinar los asuntos incluidos en el orden del día sobre los que se va a entablar debate.

b) Establecer el orden de intervención del Alcalde.

c) Redactar y custodiar las actas, así como supervisar y autorizar las mismas.

10. ¿Cuándo celebrará sesión extraordinaria el Pleno, según indica el artículo 49 de su Reglamento Orgánico?

a) Cuando así lo decida el Presidente.

b) Cuando lo solicite el tercio del número legal de miembros de la Corporación.

c) Cuando se decida por mayoría absoluta.

11. ¿Cuántas sesiones extraordinarias como máximo al año, puede solicitar un concejal?

a) Máximo dos.

b) Máximo tres.

c) Ningún concejal podrá solicitar menos de tres sesiones extraordinarias del Pleno al año.

12. Los miembros de la Junta de Gobierno de la Ciudad de Madrid podrán asistir a las sesiones del Pleno e intervenir en los debates, sin perjuicio de las facultades de ordenación que corresponden a su Presidente:

a) En ningún caso.

b) Siempre que ostenten la condición de concejales.

c) Con independencia de que ostenten o no la condición de concejales.

13. El desarrollo de las sesiones ordinarias podrá ajustarse a la siguiente estructura:

a) Aprobación del acta de la sesión anterior; parte resolutiva; parte de información, impulso y control; declaraciones institucionales y mociones de urgencia.

b) Aprobación del acta de la sesión anterior; parte resolutiva; proposiciones; declaraciones institucionales y mociones de urgencia.

c) Aprobación del acta de la sesión anterior; parte resolutiva; parte de información, impulso y control; comparecencias y mociones de urgencia.

14. Señala la respuesta correcta, respecto a los debates en el Ayuntamiento de Madrid:

a) Corresponde al Secretario dirigir los debates y mantener el orden de los mismos.

b) En la administración del tiempo de debate, el presidente tendrá en cuenta lo acordado por la Junta de Portavoces en cuanto a la determinación de los asuntos objeto de debate, los turnos de intervenciones y la duración de estas.

c) En los asuntos con debate, antes de que el Secretario lo abra, el Presidente dará lectura al enunciado.

15. A efectos de la votación correspondiente y según indica el artículo 69 del Reglamento Orgánico del Pleno del Ayuntamiento de Madrid, se considerará que:

a) Se abstienen los concejales que se hubieran ausentado del salón de sesiones una vez iniciada la deliberación de un asunto y no estuviesen presentes en el momento de la votación. En el supuesto de que se hubieran reintegrado al salón de sesiones antes de la votación no podrán tomar parte en la misma.

b) El voto es nulo si los concejales que se hubieran ausentado del salón de sesiones una vez iniciada la deliberación de un asunto, no estuviesen presentes en el momento de la votación.

c) Se abstienen los concejales que se hubieran ausentado del salón de sesiones una vez iniciada la deliberación de un asunto y no estuviesen presentes en el momento de la votación. En el supuesto de que se hubieran reintegrado al salón de sesiones antes de la votación podrán tomar parte en la misma.

En MADTEST tienes **más preguntas de este tema, algunas de ellas comentadas y argumentadas**, y todos tus avances quedan registrados y se reflejan en el ranking.

¡Supera tus límites con MADTEST!

A continuación te presentamos algunos ejemplos de preguntas comentadas:

16. El Alcalde puede ser destituido de su cargo mediante moción de censura adoptada por:

a) Mayoría simple.
b) Mayoría absoluta del número legal de concejales.
c) Mayoría de 3/5 del número legal de concejales.

Respuesta correcta: b) Mayoría absoluta del número legal de concejales.

Según el artículo 197.1.a) de la Ley Orgánica 5/1985, de 19 de junio, del Régimen Electoral General:

1. El Alcalde puede ser destituido mediante moción de censura, cuya presentación, tramitación y votación se regirá por las siguientes normas:

   a) La moción de censura deberá ser propuesta, al menos, por la mayoría absoluta del número legal de miembros de la Corporación y habrá de incluir un candidato a la Alcaldía, pudiendo serlo cualquier Concejal cuya aceptación expresa conste en el escrito de proposición de la moción.

17. Respecto a la moción de censura al Alcalde, señala cuál de estas afirmaciones es incorrecta (artículo 197 Ley Orgánica 5/1985, de 19 de junio):

a) Ningún concejal puede firmar durante su mandato más de una moción de censura.

b) La dimisión sobrevenida del Alcalde no suspenderá la tramitación y votación de la moción de censura.

c) La moción de censura deberá ser propuesta, al menos, por la mayoría de dos tercios del número legal de miembros de la Corporación.

Respuesta correcta: c) La moción de censura deberá ser propuesta, al menos, por la mayoría de dos tercios del número legal de miembros de la Corporación.

La moción de censura deberá ser propuesta, al menos, por la mayoría absoluta del número legal de miembros de la Corporación y habrá de incluir un candidato a la Alcaldía, pudiendo serlo cualquier Concejal cuya aceptación expresa conste en el escrito de proposición de la moción, según el artículo 197.1.a) de la Ley Orgánica 5/1985, de 19 de junio, del Régimen Electoral General.

18. El Alcalde podrá plantear al Pleno una cuestión de confianza, vinculada a (Ley Orgánica 5/1985, de 19 de junio):

a) Modificación de los presupuestos anuales.

b) La aprobación que ponga fin a la tramitación de los instrumentos de planeamiento general de ámbito municipal.

c) Ambas son correctas.

Respuesta correcta: c) Ambas son correctas.

Según el artículo 197 bis Ley Orgánica 5/1985, de 19 de junio, del Régimen Electoral General:

1. El Alcalde podrá plantear al Pleno una cuestión de confianza, vinculada a la aprobación o modificación de cualquiera de los siguientes asuntos:

   a) Los presupuestos anuales.

   b) El reglamento orgánico.

   c) Las ordenanzas fiscales.

   d) La aprobación que ponga fin a la tramitación de los instrumentos de planeamiento general de ámbito municipal.

19. En relación con la delegación de competencias del Alcalde, señala la respuesta correcta:

a) El Alcalde podrá delegar, mediante Resolución, las competencias que le atribuyen las Leyes, en los términos establecidos por ellas, en la Junta de Gobierno Local, en sus miembros, en los demás concejales y, en su caso, en los coordinadores generales, directores generales u órganos similares.

b) El Alcalde podrá delegar dichas competencias en las Juntas Municipales de Distrito, en sus concejales-presidentes y en los coordinadores de distrito.

c) Las delegaciones de competencias que efectúe el Alcalde surtirán efectos desde el mismo día de la fecha del decreto, salvo que en el mismo se disponga otra cosa, sin perjuicio de su publicación en el BOCM y en el "Boletín del Ayuntamiento de Madrid".

Respuesta correcta: b) El Alcalde podrá delegar dichas competencias en las Juntas Municipales de Distrito, en sus concejales-presidentes y en los coordinadores de distrito.

Según el artículo 11.1 del Reglamento Orgánico del Gobierno y de la Administración del Ayuntamiento de Madrid, de 31 de mayo de 2004:

El alcalde podrá delegar mediante decreto las competencias que le atribuyen las Leyes, en los términos establecidos por ellas, en la Junta de Gobierno Local, en sus miembros, en los demás concejales y, en su caso, en los coordinadores generales, directores generales u órganos similares.

Asimismo, el alcalde podrá delegar dichas competencias en las Juntas Municipales de Distrito, en sus concejalespresidentes y en los coordinadores de Distrito.

20. El Alcalde podrá renunciar a su cargo:

a) Perdiendo la condición de concejal.

b) La renuncia deberá hacerse efectiva por escrito ante la Junta de Gobierno de la Corporación, que deberá adoptar acuerdo de conocimiento dentro de los diez días siguientes.

c) Cubriéndose la vacante en la forma establecida en la legislación electoral.

Respuesta correcta: c) Cubriéndose la vacante en la forma establecida en la legislación electoral.

Según el artículo 13 del Reglamento Orgánico del Gobierno y de la Administración del Ayuntamiento de Madrid, de 31 de mayo de 2004:

El alcalde podrá renunciar a su cargo sin perder por ello la condición de concejal. La renuncia deberá hacerse efectiva por escrito ante el Pleno de la Corporación, que deberá adoptar acuerdo de conocimiento dentro de los diez días siguientes.

En tal caso, la vacante se cubrirá en la forma establecida en la legislación electoral.

Solución al test n.º 9

1. b) El órgano esencial de colaboración en la dirección política del Ayuntamiento.

2. a) Eficacia, descentralización funcional, desconcentración, coordinación y servicio al ciudadano.

3. b) Transparencia y participación.

4. b) Los Servicios, Departamentos y las unidades administrativas de nivel inferior a estos, así como los demás puestos de trabajo, se crean, modifican y suprimen a través de la relación de puestos de trabajo.

5. c) Comisiones no permanentes.

6. b) Sus conclusiones se reflejarán en un dictamen que habrá de ser debatido y votado por el Pleno.

7. c) Los concejales tienen el derecho y el deber de asistir, con voz y voto, a las sesiones del Pleno y a las de aquellos otros órganos colegiados de los que formen parte, salvo justa causa que se lo impida, que deberán comunicar con antelación suficiente al presidente del órgano de que se trate.

8. c) Ningún concejal podrá pertenecer a un grupo municipal diferente de aquel que corresponda a la lista electoral de la que hubiera formado parte. Las formaciones políticas que integren una coalición electoral, no podrán formar grupos independientes cuando se disuelva la coalición correspondiente.

9. a) Determinar los asuntos incluidos en el orden del día sobre los que se va a entablar debate.

10. a) Cuando así lo decida el Presidente.

11. b) Máximo tres.

12. c) Con independencia de que ostenten o no la condición de concejales.

13. a) Aprobación del acta de la sesión anterior; parte resolutiva; parte de información, impulso y control; declaraciones institucionales y mociones de urgencia.

14. b) En la administración del tiempo de debate, el presidente tendrá en cuenta lo acordado por la Junta de Portavoces en cuanto a la determinación de los asuntos objeto de debate, los turnos de intervenciones y la duración de estas.

15. c) Se abstienen los concejales que se hubieran ausentado del salón de sesiones una vez iniciada la deliberación de un asunto y no estuviesen presentes en el momento de la votación. En el supuesto de que se hubieran reintegrado al salón de sesiones antes de la votación podrán tomar parte en la misma.

16. b) Mayoría absoluta del número legal de concejales.

17. c) La moción de censura deberá ser propuesta, al menos, por la mayoría de dos tercios del número legal de miembros de la Corporación.

18. c) Ambas son correctas.

19. b) El Alcalde podrá delegar dichas competencias en las Juntas Municipales de Distrito, en sus concejales-presidentes y en los coordinadores de distrito.

20. c) Cubriéndose la vacante en la forma establecida en la legislación electoral.

TEST N.º 10

La organización política y administrativa del Ayuntamiento de Madrid (II): la Administración Pública. La Intervención General. La Tesorería. El Tribunal Económico-Administrativo Municipal. El Ente autónomo de gestión tributaria. La Asesoría Jurídica

1. El titular de la Intervención General del Ayuntamiento de Madrid tiene carácter directivo y ha de ser:

a) Funcionario de carrera de la Administración General del Estado.
b) Personal laboral.
c) Funcionario de Administración Local con habilitación de carácter nacional.

2. El Reglamento Orgánico 1/2023, de 31 de enero, define en su artículo 1 a la Asesoría Jurídica como:

a) Órgano directivo al que corresponden las funciones de asesoramiento jurídico y de representación y defensa en juicio del Ayuntamiento de Madrid y de sus organismos públicos.
b) Órgano consultivo al que corresponden las funciones de asesoramiento jurídico y de representación y defensa en juicio del Ayuntamiento de Madrid y de sus organismos públicos.
c) Órgano superior al que corresponden las funciones de asesoramiento jurídico y de representación y defensa en juicio del Ayuntamiento de Madrid y de sus organismos públicos.

3. El Tribunal Económico-Administrativo estará integrado por:

a) Un número impar de miembros, con un mínimo de tres y un máximo de siete, todos ellos con voz y voto.
b) Un número par de miembros, con un mínimo de dos y un máximo de ocho, todos ellos con voz pero sin voto.
c) Un número impar de miembros, con un mínimo de cinco y un máximo de 13, todos ellos con voz y voto.

4. En relación con el Tribunal Económico-Administrativo no es cierto que:

a) Funcionará en Pleno.

b) Para asistir al Presidente en el ejercicio de sus funciones gubernativas, se constituirá una Sala de Gobierno.

c) A sus reuniones asistirá, con voz y voto, el Secretario General del Tribunal.

5. ¿Qué función principal de la Asesoría Jurídica es la consistente en el asesoramiento jurídico de Madrid y a sus organismos públicos, de acuerdo con lo dispuesto en su reglamento orgánico?

a) Consultiva.

b) Contenciosa.

c) Representativa.

6. Para la consecución de una gestión integral del sistema tributario municipal, el Pleno se regirá por los principios de:

a) Eficacia, eficiencia, cooperación, coordinación y sometimiento pleno a la Ley y al Derecho.

b) Eficiencia, suficiencia, agilidad y unidad en la gestión.

c) Unidad de acto.

7. ¿Quién nombra y cesa al Letrado General de la Asesoría Jurídica del Ayuntamiento de Madrid?

a) El Alcalde.

b) El Pleno.

c) La Junta de Gobierno.

8. La Agencia Tributaria Madrid es:

a) Una entidad pública, dotada de personalidad jurídica pública única.

b) Un organismo autónomo, dotado de personalidad jurídica pública diferenciada.

c) Una sociedad de economía mixta.

9. ¿A qué órgano le corresponde el análisis de las previsiones de ingresos públicos y el diseño de la política global de ingresos tributarios?

a) Al Tribunal Económico-Administrativo.

b) A la Agencia Tributaria Madrid.

c) A la Intervención General.

10. La función de tesorería comprende, según el artículo 5 del Real Decreto 128/2018, de 16 de marzo, por el que se regula el régimen jurídico de los funcionarios de Administración Local con habilitación de carácter nacional:

a) La secretaría del órgano correspondiente de la Entidad Local.

b) La elaboración de fondos, valores y efectos de la Entidad Local, de conformidad con lo establecido en las disposiciones legales vigentes.

c) La elaboración y acreditación del periodo medio de pago a proveedores de la Entidad Local, otros datos estadísticos e indicadores de gestión que, en cumplimiento de la legislación sobre transparencia y de los objetivos de estabilidad presupuestaria, sostenibilidad financiera, gasto público y morosidad, deban ser suministrados a otras administraciones o publicados en la web u otros medios de comunicación de la Entidad, siempre que se refieran a funciones propias de la Tesorería.

11. Señala la respuesta correcta, respecto al Tribunal Económico-Administrativo Municipal:

a) El Tribunal Económico-Administrativo Municipal de Madrid es el órgano especializado en el conocimiento y resolución de las reclamaciones económico-administrativas sobre actos de aplicación de los tributos e imposición de sanciones tributarias y sobre actos recaudatorios de ingresos de derecho público no tributarios de competencia del Ayuntamiento de Madrid y de las entidades de derecho público vinculadas o dependientes del mismo.

b) El Tribunal Económico-Administrativo Municipal de Madrid se rige por lo dispuesto en el artículo 25 de la Ley 22/2006, de 4 de julio, de Capitalidad y de Régimen Especial de Madrid y por el Reglamento Orgánico del Gobierno y Administración del Ayuntamiento de Madrid.

c) En todas aquellas materias no expresamente reguladas por el Reglamento Orgánico del Tribunal Económico-Administrativo Municipal se estará a lo dispuesto en la Ley de Haciendas Locales y la normativa dictada para su desarrollo en relación a las reclamaciones económico-administrativas.

12. ¿Cuál de las siguientes funciones no corresponde al Letrado General de la Asesoría Jurídica del Ayuntamiento de Madrid?

a) Propuesta de adscripción y remoción de todos los letrados en los distintos órganos y unidades de la Asesoría Jurídica.

b) Promoción de la formación y perfeccionamiento de los letrados.

c) Mantenimiento del principio de unidad de acto.

13. Las funciones de presupuestación comprenden las siguientes actividades, sin perjuicio de las demás que pueda delegarle el Alcalde:

a) La elaboración del Proyecto de Presupuesto General del Ayuntamiento de Madrid para su aprobación por el Pleno.

b) El análisis y evaluación de los programas de gasto que integran el Presupuesto General del Ayuntamiento de Madrid.

c) La definición y mantenimiento del Presupuesto General del Ayuntamiento de Madrid.

14. Entre las funciones del Presidente de la Agencia Tributaria Madrid, no se encuentra la siguiente:

a) Ejercitar las actuaciones imprescindibles en caso de urgencia, así como adoptar las resoluciones necesarias para la interposición de recursos administrativos, dando cuenta al Consejo Rector en la primera sesión que se celebre.

b) Aprobar el plan de actuación anual y la memoria anual de actividades.

c) Dictar instrucciones y circulares sobre las materias que sean competencia de la Agencia Tributaria Madrid y, en especial, para fijar directrices y criterios orientados a la aplicación uniforme de los tributos municipales.

15. Señala la respuesta correcta sobre el Consejo Rector, máximo órgano de gobierno y dirección de la Agencia Tributaria Madrid:

a) Los miembros del Consejo Rector serán nombrados y, en su caso, cesados por Acuerdo del Pleno, a propuesta del titular del Área a la que figura adscrita la Agencia, conforme a los criterios que se expresan en los apartados siguientes.

b) En cualquier caso, habrá un vocal designado por cada grupo político con representación en el Ayuntamiento de Madrid. A estos efectos, el grupo político podrá designar un concejal o un técnico que le represente con carácter permanente.

c) Los demás vocales serán nombrados entre concejales, miembros de la Junta de Gobierno de la Ciudad de Madrid, titulares de órganos directivos, técnicos al servicio de las Administraciones Públicas y, en su caso, con más de 15 años de experiencia en las materias atribuidas a la Agencia Tributaria Madrid, y cesarán automáticamente si pierden la condición que determinó su nombramiento.

En MADTEST tienes **más preguntas de este tema, algunas de ellas comentadas y argumentadas**, y todos tus avances quedan registrados y se reflejan en el ranking.

¡Supera tus límites con MADTEST!

A continuación te presentamos algunos ejemplos de preguntas comentadas:

16. Indica de cuál de las siguientes fuentes no provienen los recursos económicos de la Agencia Tributaria Madrid:

a) Las transferencias corrientes o de capital como consecuencia del patrocinio de actividades.

b) Los ingresos ordinarios y extraordinarios que esté autorizada a percibir, según las disposiciones por las que se rijan.

c) Las donaciones, legados y otras aportaciones de entidades privadas y de particulares.

Respuesta correcta: a) Las transferencias corrientes o de capital como consecuencia del patrocinio de actividades.

Según el artículo 96 del Reglamento Orgánico del Gobierno y de la Administración del Ayuntamiento de Madrid, de 31 de mayo de 2004:

Los recursos económicos de los organismos autónomos podrán provenir de las siguientes fuentes:

a) Los bienes y valores que constituyen su patrimonio.

b) Los productos y rentas de dicho patrimonio.

c) Las consignaciones específicas que tuvieren asignadas en el Presupuesto General del Ayuntamiento.

d) Las transferencias corrientes o de capital que procedan de las Administraciones o entidades públicas.

e) Los ingresos ordinarios y extraordinarios que estén autorizados a percibir, según las disposiciones por los que se rijan.

f) Las donaciones, legados y otras aportaciones de entidades privadas y de particulares.

g) Cualquier otro recurso que pudiera serle atribuido.

17. ¿A quién le corresponde, dentro del Tribunal Económico-Administrativo, preparar y elevar la propuesta de presupuesto anual del Tribunal y sus modificaciones?

a) A los Vocales.
b) Al Pleno del Tribunal.
c) Al Presidente del Tribunal.

Respuesta correcta: c) Al Presidente del Tribunal.

Según el artículo 10.1 del Reglamento Orgánico del Tribunal Económico-Administrativo Municipal del Ayuntamiento de Madrid:

1. Corresponde al Presidente del Tribunal:

    a) La representación máxima del Tribunal.

    b) La dirección orgánica y funcional del Tribunal.

    c) La convocatoria y la presidencia de las sesiones y, en su caso, dirimir los supuestos de empate ejerciendo su voto de calidad.

    d) La celebración de contratos administrativos y privados, en las condiciones y con los límites que se establezcan por la Junta de Gobierno.

e) Preparar y elevar la propuesta de presupuesto anual del Tribunal y sus modificaciones.

f) Autorizar y disponer el gasto y reconocer las obligaciones, en las condiciones y con los límites que se establezcan por la Junta de Gobierno y de acuerdo con las Bases de Ejecución del Presupuesto.

g) Elevar solicitudes de modificación de la relación de puestos de trabajo del Tribunal y realizar las propuestas de convocatoria y resolución de provisión de los puestos de trabajo adscritos al Tribunal.

18. Entre las funciones de la Secretaría General del Tribunal Económico-Administrativo no se encuentra:

a) Llevar registros, libros de actas y archivar los testimonios de las resoluciones dictadas en cada uno de los distintos años naturales.

b) Elaborar las estadísticas relativas al funcionamiento del Tribunal y preparar la documentación necesaria para la rendición de la memoria a que se refiere el artículo 10.3 del presente Reglamento Orgánico.

c) Autorizar y disponer el gasto y reconocer las obligaciones en las condiciones y con los límites que se establezcan por la Junta de Gobierno.

Respuesta correcta: c) Autorizar y disponer el gasto y reconocer las obligaciones en las condiciones y con los límites que se establezcan por la Junta de Gobierno.

Conforme a lo dispuesta en el el artículo 10.1.f) del Reglamento Orgánico del Tribunal Económico-Administrativo Municipal del Ayuntamiento de Madrid.

19. En relación con el Tribunal Económico-Administrativo, la elaboración de estudios y propuestas en materia tributaria y de los dictámenes sobre los proyectos de ordenanzas fiscales, previo requerimiento de los órganos municipales competentes en materia tributaria, es competencia exclusiva de:

a) La Secretaría General.
b) El Pleno del Tribunal.
c) El Presidente de Sala.

Respuesta correcta: b) El Pleno del Tribunal.

Según el artículo 12.2 del Reglamento Orgánico del Tribunal Económico-Administrativo Municipal del Ayuntamiento de Madrid:

Es competencia exclusiva del Pleno del Tribunal la elaboración de estudios y propuestas en materia tributaria y de los dictámenes sobre los proyectos de ordenanzas fiscales, previo requerimiento de los órganos municipales competentes en materia tributaria.

20. La competencia del Tribunal Económico-Administrativo Municipal de Madrid:

a) Será irrenunciable e improrrogable.
b) Podrá ser alterada por la voluntad de los interesados.
c) Ambas son correctas.

Respuesta correcta: a) Será irrenunciable e improrrogable.

Según el artículo 2.2 del Reglamento Orgánico del Tribunal Económico-Administrativo Municipal del Ayuntamiento de Madrid: La competencia del Tribunal Económico-Administrativo Municipal de Madrid será irrenunciable e improrrogable y no podrá ser alterada por la voluntad de los interesados.

Solución al test n.º 10

1. c) Funcionario de Administración Local con habilitación de carácter nacional.

2. a) Órgano directivo al que corresponden las funciones de asesoramiento jurídico y de representación y defensa en juicio del Ayuntamiento de Madrid y de sus organismos públicos.

3. a) Un número impar de miembros, con un mínimo de tres y un máximo de siete, todos ellos con voz y voto.

4. c) A sus reuniones asistirá, con voz y voto, el Secretario General del Tribunal.

5. a) Consultiva.

6. b) Eficiencia, suficiencia, agilidad y unidad en la gestión.

7. c) La Junta de Gobierno.

8. b) Un organismo autónomo, dotado de personalidad jurídica pública diferenciada.

9. b) A la Agencia Tributaria Madrid.

10. c) La elaboración y acreditación del periodo medio de pago a proveedores de la Entidad Local, otros datos estadísticos e indicadores de gestión que, en cumplimiento de la legislación sobre transparencia y de los objetivos de estabilidad presupuestaria, sostenibilidad financiera, gasto público y morosidad, deban ser suministrados a otras administraciones o publicados en la web u otros medios de comunicación de la Entidad, siempre que se refieran a funciones propias de la Tesorería.

11. a) El Tribunal Económico-Administrativo Municipal de Madrid es el órgano especializado en el conocimiento y resolución de las reclamaciones económico-administrativas sobre actos de aplicación de los tributos e imposición de sanciones tributarias y sobre actos recaudatorios de ingresos de derecho público no tributarios de competencia del Ayuntamiento de Madrid y de las entidades de derecho público vinculadas o dependientes del mismo.

12. c) Mantenimiento del principio de unidad de acto.

13. b) El análisis y evaluación de los programas de gasto que integran el Presupuesto General del Ayuntamiento de Madrid.

14. b) Aprobar el plan de actuación anual y la memoria anual de actividades.

15. b) En cualquier caso, habrá un vocal designado por cada grupo político con repre-sentación en el Ayuntamiento de Madrid. A estos efectos, el grupo político podrá desig-nar un concejal o un técnico que le represente con carácter permanente.

16. a) Las transferencias corrientes o de capital como consecuencia del patrocinio de actividades.

17. c) Al Presidente del Tribunal.

18. c) Autorizar y disponer el gasto y reconocer las obligaciones en las condiciones y con los límites que se establezcan por la Junta de Gobierno.

19. b) El Pleno del Tribunal.

20. a) Será irrenunciable e improrrogable.

TEST N.º 11

La Organización central en el Reglamento Orgánico del Gobierno y de la Administración del Ayuntamiento de Madrid: las Áreas de Gobierno y su estructura interna. Órganos superiores y directivos de las Áreas de Gobierno. Número y denominación de las actuales Áreas de Gobierno

1. ¿Qué Título del Reglamento Orgánico del Gobierno y de la Administración del Ayuntamiento de Madrid de 31 de mayo de 2004, regula la estructura de la Administración del Ayuntamiento de Madrid?

a) El Título III.
b) El Título IV.
c) El Título V.

2. Los órganos creados como instrumentos destacados para la gestión eficaz de determinados servicios públicos y que son objeto de regulación en el Título VII del Reglamento Orgánico del Gobierno y de la Administración del Ayuntamiento de Madrid se denominan:

a) Órganos colegiados.
b) Organismos públicos.
c) Distritos.

3. ¿Qué órganos constituyen el segundo nivel de la organización de las Áreas de Gobierno y les corresponden las funciones de coordinación de las distintas Direcciones Generales que integran aquellas?

a) Los órganos directivos.
b) Los órganos superiores.
c) Los órganos colegiados.

4. Las Direcciones Generales, comprenden uno o varios ámbitos de competencias de funcionamiento homogéneos, constituyendo los elementos básicos de la organización de las Áreas de Gobierno que son:

a) Órganos directivos.
b) Órganos superiores.
c) Órganos colegiados.

5. Señala la respuesta correcta respecto a las Áreas de Gobierno y su estructura interna:

a) Las Áreas de Gobierno constituyen los niveles esenciales de la organización municipal y comprenden, cada una de ellas, uno o varios sectores funcionalmente homogéneos de la actividad administrativa municipal.
b) De las mismas no podrán depender otras Áreas de Coordinación o Delegadas.
c) El número de Áreas de Gobierno no podrá exceder de 12, correspondiendo al Pleno, al amparo de lo previsto en el artículo 123.1.c) en relación con las facultades que le atribuye el artículo 124.4.k) de la Ley 7/1985, de 2 de abril, determinar el número, denominación y atribuciones de las Áreas, sin perjuicio de las competencias que le puedan delegar otros órganos municipales.

6. ¿Qué órganos ejercen sus competencias exclusivamente en el ámbito de un distrito?

a) Los órganos centrales.
b) Los órganos territoriales.
c) Los organismos públicos.

7. Señala la respuesta correcta, relativa a la organización central del Ayuntamiento de Madrid:

a) La organización central del Ayuntamiento de Madrid se estructura en unidades departamentales denominadas Áreas de Gobierno, comprendiendo cada una de ellas uno o varios sectores funcionalmente homogéneos de la actividad administrativa. Estas Áreas se organizan en los órganos directivos que determine el Pleno y en las demás unidades que se creen por la relación de puestos de trabajo, sin perjuicio de las Áreas de Coordinación o Delegadas que asimismo puedan crearse.
b) La organización central del Ayuntamiento de Madrid se estructura en unidades departamentales denominadas Áreas de Gobierno, comprendiendo cada una de ellas uno o varios sectores funcionalmente homogéneos de la actividad administrativa. Estas Áreas se organizan en los órganos directivos que determine el Alcalde y en las demás unidades que se creen por la relación de puestos de trabajo, sin perjuicio de las Áreas de Coordinación o Delegadas que asimismo puedan crearse.
c) La organización central del Ayuntamiento de Madrid se estructura en unidades departamentales denominadas, Áreas de Gobierno, comprendiendo cada una de ellas uno o varios sectores funcionalmente homogéneos de la actividad administrativa. Estas Áreas se organizan en los órganos directivos que determine la Junta de Gobierno de la Ciudad de Madrid y en las demás unidades que se creen por la relación de puestos de trabajo, sin perjuicio de las Áreas de Coordinación o Delegadas que asimismo puedan crearse.

8. Junto a los órganos centrales directivos, el Reglamento del Gobierno y Administración del Ayuntamiento de Madrid prevé, siguiendo las disposiciones contenidas al respecto en el Título X de la LRBRL, la existencia de otros cuya especialidad viene determinada por la naturaleza de sus funciones o competencias. Estos órganos son:

a) La Asesoría Jurídica como órgano encargado de la asistencia jurídica al Alcalde, la Junta de Gobierno y a los órganos directivos; el órgano de gestión presupuestaria, la Intervención y la Tesorería.

b) La Asesoría Jurídica como órgano encargado de la asistencia jurídica del Alcalde, la Junta de Portavoces; los concejales presidentes y los vocales.

c) Los Foros Locales, la Junta de Portavoces, la Junta Municipal de Distrito y los vecinos.

9. El número de Áreas de Gobierno:

a) No podrá exceder de 10.

b) No podrá exceder de 15.

c) No podrá ser inferior a 5 ni superior a 15.

10. Indica la respuesta correcta respecto a la estructura de las Áreas de Gobierno del Ayuntamiento de Madrid:

a) En ellas podrá existir uno o más coordinadores generales, contarán con una Dirección General y se estructurarán por bloques de competencias de naturaleza homogénea a través de Subsecretarías u órganos similares.

b) En ellas podrá existir un coordinador general al frente, contarán con una Secretaría General y se estructurarán por bloques de competencias de naturaleza homogénea a través de Subdirecciones Generales u órganos similares.

c) En ellas podrá existir uno o más coordinadores generales, contarán con una Secretaría General Técnica y se estructurarán por bloques de competencias de naturaleza homogénea a través de Direcciones Generales u órganos similares.

11. Cuando así lo prevean los acuerdos de la Junta de Gobierno de Organización Administrativa, los órganos directivos:

a) Podrán depender directamente de la Junta de Gobierno de la Ciudad de Madrid.

b) De ellos podrán depender otros órganos directivos y aquellos organismos públicos con competencias de carácter instrumental y de prestación de servicios internos a todas las Áreas de Gobierno. En este último caso, corresponderá al titular del órgano directivo la presidencia del organismo público que de él dependa.

c) En todo caso, un órgano directivo podrá depender de otro órgano directivo del mismo rango.

12. ¿A quién no le corresponde ejercer la representación, dirección, gestión e inspección del Área de la que sean titulares?

a) A los concejales de Gobierno.

b) A los consejeros-delegados de Gobierno.

c) A los concejales-presidentes.

13. ¿Quién es el encargado de coordinar las distintas direcciones generales u órganos asimilados que integran el Área de Gobierno?

a) El concejal de coordinación.
b) El coordinador general.
c) El concejal-presidente.

14. ¿Cómo se denominará el órgano central directivo a quien corresponde la gestión de los servicios comunes de cada Área de Gobierno?

a) Concejal de coordinación.
b) Secretario General Técnico.
c) Coordinador General Técnico.

15. ¿Quién es competente para asistir jurídica y técnicamente al titular del Área de Gobierno, sin perjuicio de las competencias atribuidas a la Asesoría Jurídica?

a) El coordinador general.
b) El Secretario General Técnico.
c) El consejero-delegado.

En MADTEST tienes **más preguntas de este tema, algunas de ellas comentadas y argumentadas**, y todos tus avances quedan registrados y se reflejan en el ranking.

¡Supera tus límites con MADTEST!

A continuación te presentamos algunos ejemplos de preguntas comentadas:

16. ¿Cómo se denominan los titulares de los órganos directivos a los que corresponde, bajo la dependencia directa de un coordinador general o de un concejal de coordinación o delegado, la dirección y gestión de uno o varios ámbitos de competencias funcionalmente homogéneos?

a) Secretario General Técnico.
b) Director General.
c) Coordinador General.

Respuesta correcta: b) Director General.

Según el artículo 48.1 del Reglamento Orgánico del Tribunal Económico-Administrativo Municipal del Ayuntamiento de Madrid: Los directores generales son los titulares de los órganos directivos a los que corresponde, bajo la dependencia directa de un coordinador general o de un concejal de Coordinación o delegado, la dirección y gestión de uno o varios ámbitos de competencias funcionalmente homogéneos.

17. ¿Qué órgano es el encargado de nombrar y cesar a los coordinadores generales, secretarios generales técnicos y directores generales?

a) El titular del Área de Gobierno.
b) El concejal competente.
c) La Junta de Gobierno.

Respuesta correcta: c) La Junta de Gobierno.

Según el artículo 49.1 del Reglamento Orgánico del Tribunal Económico-Administrativo Municipal del Ayuntamiento de Madrid: Los coordinadores generales, los secretarios generales técnicos y los directores generales, serán nombrados y cesados por la Junta de Gobierno.

18. Un puesto directivo de coordinador general:

a) Exige estar provisto por personal que ostente la condición de funcionario.
b) Puede ser provisto por personal que no ostente la condición de funcionario.
c) Siempre será personal eventual.

Respuesta correcta: b) Puede ser provisto por personal que no ostente la condición de funcionario.

Según el artículo 49.3 del Reglamento Orgánico del Tribunal Económico-Administrativo Municipal del Ayuntamiento de Madrid: A los efectos previstos en el apartado anterior, podrán ser provistos por personal que no ostente la condición de funcionario, los puestos directivos de coordinador general.

Esta excepción no será de aplicación a la provisión de los puestos de secretario general técnico.

19. ¿Qué forma revestirán las decisiones administrativas que adopten los órganos directivos?

a) Orden.
b) Decreto.
c) Resolución.

Respuesta correcta: c) Resolución.

Según el artículo 50 del Reglamento Orgánico del Tribunal Económico-Administrativo Municipal del Ayuntamiento de Madrid:

1. Las decisiones administrativas que adopten los órganos directivos revestirán la forma de resolución.

2. Dichas resoluciones se publicarán o notificarán de acuerdo con lo dispuesto en la normativa vigente.

20. La función pública de control y fiscalización interna de la gestión económico-financiera y presupuestaria, en su triple acepción de función interventora, función de control financiero y función de control de eficacia, correspondea:

a) La Agencia Tributaria Madrid.
b) La Intervención General.
c) La Tesorería.

Respuesta correcta: b) La Intervención General.

Según el artículo 59.1 del Reglamento Orgánico del Tribunal Económico-Administrativo Municipal del Ayuntamiento de Madrid: La función pública de control y fiscalización interna de la gestión económico-financiera y presupuestaria, en su triple acepción de función interventora, función de control financiero y función de control de eficacia, corresponde a la Intervención General del Ayuntamiento de Madrid.

Solución al test n.º 11

1. c) El Título V.

2. b) Organismos públicos.

3. a) Los órganos directivos.

4. a) Órganos directivos.

5. a) Las Áreas de Gobierno constituyen los niveles esenciales de la organización municipal y comprenden, cada una de ellas, uno o varios sectores funcionalmente homogéneos de la actividad administrativa municipal.

6. b) Los órganos territoriales.

7. b) La organización central del Ayuntamiento de Madrid se estructura en unidades departamentales denominadas Áreas de Gobierno, comprendiendo cada una de ellas uno o varios sectores funcionalmente homogéneos de la actividad administrativa. Estas Áreas se organizan en los órganos directivos que determine el Alcalde y en las demás unidades que se creen por la relación de puestos de trabajo, sin perjuicio de las Áreas de Coordinación o Delegadas que asimismo puedan crearse.

8. a) La Asesoría Jurídica como órgano encargado de la asistencia jurídica al Alcalde, la Junta de Gobierno y a los órganos directivos; el órgano de gestión presupuestaria, la Intervención y la Tesorería.

9. b) No podrá exceder de 15.

10. c) En ellas podrá existir uno o más coordinadores generales, contarán con una Secretaría General Técnica y se estructurarán por bloques de competencias de naturaleza homogénea a través de Direcciones Generales u órganos similares.

11. b) De ellos podrán depender otros órganos directivos y aquellos organismos públicos con competencias de carácter instrumental y de prestación de servicios internos a todas las Áreas de Gobierno. En este último caso, corresponderá al titular del órgano directivo la presidencia del organismo público que de él dependa.

12. c) A los concejales-presidentes.

13. b) El coordinador general.

14. b) Secretario General Técnico.

15. b) El Secretario General Técnico.

16. b) Director General.

17. c) La Junta de Gobierno.

18. b) Puede ser provisto por personal que no ostente la condición de funcionario.

19. c) Resolución.

20. b) La Intervención General.

La Organización territorial en el Reglamento Orgánico de los Distritos: órganos de los Distritos y estructura administrativa del Distrito

1. Al Pleno de la Corporación:

a) Le corresponde la creación de los distritos y a la Junta de Gobierno de la Ciudad de Madrid, determinar el porcentaje mínimo de los recursos presupuestarios de la Corporación que deberán gestionarse por los distritos en su conjunto.

b) Le corresponde la creación de los distritos, así como determinar el porcentaje mínimo de los recursos presupuestarios de la Corporación que deberán gestionarse por los distritos en su conjunto.

c) Le corresponde determinar el porcentaje mínimo de los recursos presupuestarios de la Corporación que deberán gestionarse por los distritos en su conjunto, delegando en todo caso, la creación de los distritos a la Junta de Gobierno de la Ciudad de Madrid.

2. Los recursos presupuestarios que serán gestionados por los Distritos en su conjunto:

a) No serán en ningún caso superiores al 11 por 100 del presupuesto del Ayuntamiento.

b) Podrán ser en cualquier caso inferiores al 11 por 100 del presupuesto del Ayuntamiento.

c) No serán en ningún caso inferiores al 11 por 100 del presupuesto del Ayuntamiento.

3. ¿En cuántos distritos se divide el término municipal de Madrid?

a) 21.

b) 22.

c) 23.

4. El Consejo de Proximidad es:

a) Un órgano de información, participación y deliberación ciudadana, con capacidad para la adopción de acuerdos de iniciativas y propuestas, acerca de aquellos aspectos de interés del distrito, sin perjuicio de que las referencias que se hagan a este órgano en el reglamento orgánico lo sean únicamente al órgano de participación ciudadana.

b) Un órgano de información y de participación ciudadana presencial y consultiva, con capacidad para la adopción de acuerdos de iniciativas y propuestas acerca de todos aquellos aspectos inherentes a la acción municipal en el Distrito.

c) Un órgano de información y de participación ciudadana no presencial y deliberativa, con capacidad para la adopción de acuerdos de iniciativas y propuestas acerca de todos aquellos aspectos inherentes a la acción municipal en el Distrito.

5. La sesión constitutiva de la Junta Municipal del Distrito se desarrollará conforme al siguiente orden del día. Señale la opción correcta:

a) Composición de la Junta Municipal del Distrito; lectura de los nombramientos; toma de posesión del cargo de vocal vecino; declaración de la constitución de la Junta Municipal del Distrito; acuerdo sobre el calendario de las sesiones.

b) Composición de la Junta Municipal del Distrito; lectura de los nombramientos; declaración de la constitución de la Junta Municipal del Distrito; toma de posesión del cargo de vocal vecino; acuerdo sobre el calendario de las sesiones.

c) Composición de la Junta Municipal del Distrito; lectura de los nombramientos; toma de posesión del cargo de vocal vecino; acuerdo sobre el calendario de las sesiones; declaración de la constitución de la Junta Municipal del Distrito.

6. ¿A qué órgano le corresponde la dirección y gestión de los servicios de su competencia, bajo la superior dirección del Concejal-Presidente?

a) La Junta Municipal del Distrito.
b) Al Coordinador del Distrito.
c) Al Consejo de Proximidad.

7. Los vocales vecinos que componen la Junta Municipal del Distrito:

a) Son nombrados, entre vecinos, por el alcalde a propuesta de los grupos políticos.
b) Son nombrados, entre concejales y vecinos, por los grupos políticos a propuesta del alcalde.
c) Son nombrados, entre concejales y vecinos, por la Junta Municipal del Distrito.

8. ¿Cuándo celebrarán las Juntas Municipales de los Distritos, sesión plenaria ordinaria?

a) Una vez cada dos meses.
b) Una vez al mes.
c) Una vez cada quince días.

9. El artículo 33 del Reglamento Orgánico de los Distritos del Ayuntamiento de Madrid regula el quórum de adopción de acuerdos de la Junta Municipal del Distrito. Según el mismo, ¿qué opción de las siguientes no es correcta?

a) Serán públicas.
b) Se regirán por las disposiciones contenidas en el Reglamento Orgánico.
c) Los acuerdos se adoptarán, con carácter general, por mayoría absoluta de los miembros presentes.

10. Las sesiones celebradas cuando así lo decida el concejal-presidente o lo solicite la cuarta parte, al menos del número legal de miembros de la Junta Municipal del Distrito, son:

a) Las sesiones ordinarias.
b) Las sesiones extraordinarias.
c) Las sesiones extraordinarias de carácter urgente.

11. Señala la respuesta correcta respecto a las sesiones extraordinarias a solicitud de los miembros de las Juntas Municipales de los Distritos:

a) Ningún miembro de la Junta Municipal del Distrito podrá solicitar más de cuatro sesiones extraordinarias de la Junta al año.
b) La convocatoria suscrita por, al menos, la tercera parte del número legal de miembros de la Junta Municipal del Distrito, se solicitará por escrito, en el que se especificará el asunto que la motiva dentro del ámbito de las competencias propias de la Junta Municipal del Distrito, y se incluirá el texto del acuerdo que se quiera someter a debate y votación.
c) Si el concejal-presidente no convocase la sesión extraordinaria para su celebración en el plazo señalado, quedará automáticamente convocada la sesión plenaria de la Junta Municipal del Distrito para el décimo día hábil siguiente al de la finalización de dicho plazo, a la misma hora de celebración de las sesiones ordinarias, lo que será notificado por la Secretaría del Distrito a todos los miembros de la misma al día siguiente de la finalización del plazo citado anteriormente.

12. Una vez solicitada una sesión extraordinaria, a solicitud de los miembros de las Juntas Municipales de los Distritos, no podrá demorarse:

a) Más de quince días naturales.
b) Más de quince días hábiles.
c) Más de un mes.

13. ¿Cuándo se procede a la constitución de la Junta Municipal del Distrito?

a) En el momento de la constitución de la Corporación Municipal.
b) La Junta Municipal de Distrito se constituirá en sesión plenaria, una vez constituido el Pleno municipal y nombrados el concejal-presidente y los vocales vecinos.
c) Constituida la Corporación Municipal, y una vez nombrados el presidente, el vicepresidente y los vocales, concejales y vecinos, se procederá en sesión plenaria extraordinaria a la constitución de la Junta Municipal del Distrito.

14. Con carácter anual y durante el primer semestre, se celebrará una sesión extraordinaria de la Junta Municipal del Distrito dedicada al debate sobre el estado del Distrito ¿Qué ocurre si dicho debate coincide con elecciones municipales?

a) Se realizará al mes siguiente de la celebración de las elecciones.
b) No habrá lugar a realizar dicho debate durante el año en que se celebren elecciones municipales.
c) Se celebran tres meses después de las elecciones.

15. En relación con el voto, como derecho que se atribuye exclusivamente a los miembros de la Junta Municipal del Distrito, es cierto que:

a) El voto puede emitirse en sentido afirmativo o negativo, pudiendo los miembros de la Junta Municipal abstenerse de votar. A efectos de la votación correspondiente se considerará que se abstienen los miembros de la Junta Municipal del Distrito que no estén presentes en el momento de la votación.

b) En el caso de votaciones con resultado de empate, se efectuará una nueva votación, y si persistiera el empate, decide el voto de calidad del Alcalde.

c) En relación con el régimen jurídico de las votaciones en la Junta Municipal del Distrito, será aplicable lo previsto en la Ley 7/1985, de 2 de abril.

En MADTEST tienes **más preguntas de este tema, algunas de ellas comentadas y argumentadas,** y todos tus avances quedan registrados y se reflejan en el ranking.

¡**Supera tus límites con MADTEST!**

A continuación te presentamos algunos ejemplos de preguntas comentadas:

16. ¿A quién corresponde la llevanza y custodia de los Registros de Intereses?

a) Al Secretario del Distrito.
b) Al Gerente del Distrito.
c) Al Concejal-Presidente.

Respuesta correcta: a) Al Secretario del Distrito.

La llevanza y custodia del Registro de Causas de Posible Incompatibilidad y de Actividades y del Registro de Bienes Patrimoniales corresponderá al secretario del distrito.

17. ¿A quién le corresponde fijar los objetivos del Distrito de su competencia, aprobar los planes de actuación del mismo y asignar los recursos necesarios para su ejecución, de acuerdo con las normas presupuestarias correspondientes?

a) Al Concejal-Presidente.
b) A la Junta de Portavoces.
c) Al Foro Local.

Respuesta correcta: a) Al Concejal-Presidente.

El Concejal-Presidente ostenta la representación de la Junta Municipal del Distrito y ejercerá las competencias que expresamente le haya delegado el alcalde, la Junta de

Gobierno u otros órganos municipales y, entre ellas, fijar los objetivos del distrito y de su competencia, aprobar los planes de actuación del mismo y asignar los recursos necesarios para su ejecución, de acuerdo con las normas presupuestarias correspondientes.

18. Los vocales vecinos, por razón del cargo para el que han sido designados, tienen los siguientes derechos:

a) Tienen derecho de asistir, con voz y voto, a las sesiones de la Junta Municipal del Distrito y a las de aquellos otros órganos de los que formen parte, de conformidad con lo dispuesto en el Reglamento y en las demás disposiciones que resulten de aplicación.
b) Tienen derecho a ser nombrados miembros del Foro Local en cuya Junta Municipal desempeñen su cargo, en los términos previstos en la Ley 7/1985, de 2 de abril.
c) Tienen derecho a obtener de la Junta de Gobierno de la Ciudad de Madrid, cuantos antecedentes, datos o informaciones, obren en poder de los servicios del Distrito y resulten precisos para el desarrollo de su función. Este derecho se ejercerá de forma análoga a la establecida para los concejales en el Reglamento Orgánico del Pleno del Ayuntamiento de Madrid.

Respuesta correcta: a) Tienen derecho de asistir, con voz y voto, a las sesiones de la Junta Municipal del Distrito y a las de aquellos otros órganos de los que formen parte, de conformidad con lo dispuesto en el Reglamento y en las demás disposiciones que resulten de aplicación.

Los vocales vecinos, ejercerán el cargo para el que han sido designados sin dedicación exclusiva, ni parcial, en virtud del cual, tienen los siguientes derechos:

a) Derecho de asistir, con voz y voto, a las sesiones de la Junta Municipal del Distrito y a las de aquellos otros órganos de los que formen parte, de conformidad con lo dispuesto en el presente reglamento orgánico y en las demás disposiciones que resulten de aplicación. (...)

19. El acceso a los Registros de Intereses se solicitará:

a) Mediante petición escrita.
b) Debe constar la identificación del vocal al que se refiera la información y los documentos concretos de los que se quiera tener constancia.
c) Ambas son correctas.

Respuesta correcta: c) Ambas son correctas.

El acceso a los registros de Intereses se solicitará mediante petición escrita en la que se acreditará el interés del solicitante y constará la identificación del vocal al que se refiera la información y los documentos concretos de los que se quiera tener constancia.

20. Los vocales sólo podrán acceder a los Registros de Intereses constituidos:

a) En el Distrito donde residan.
b) En el Distrito donde desempeñen su cargo.
c) En el Distrito que ellos libremente elijan.

Respuesta correcta: b) En el Distrito donde desempeñen su cargo.

El acceso se hará efectivo mediante la exhibición al interesado de fotocopia autenticada o expedición de certificación relativa a los documentos concretos solicitados. Los vocales solo podrán acceder a los registros de Intereses constituidos en el distrito en el que desempeñen su cargo.

Solución al test n.º 12

1. b) Le corresponde la creación de los distritos, así como determinar el porcentaje mínimo de los recursos presupuestarios de la Corporación que deberán gestionarse por los distritos en su conjunto.

2. c) No serán en ningún caso inferiores al 11 por 100 del presupuesto del Ayuntamiento.

3. a) 21.

4. a) Un órgano de información, participación y deliberación ciudadana, con capacidad para la adopción de acuerdos de iniciativas y propuestas, acerca de aquellos aspectos de interés del distrito, sin perjuicio de que las referencias que se hagan a este órgano en el reglamento orgánico lo sean únicamente al órgano de participación ciudadana.

5. a) Composición de la Junta Municipal del Distrito; lectura de los nombramientos; toma de posesión del cargo de vocal vecino; declaración de la constitución de la Junta Municipal del Distrito; acuerdo sobre el calendario de las sesiones.

6. b) Al Coordinador del Distrito.

7. a) Son nombrados, entre vecinos, por el alcalde a propuesta de los grupos políticos.

8. b) Una vez al mes.

9. c) Los acuerdos se adoptarán, con carácter general, por mayoría absoluta de los miembros presentes.

10. b) Las sesiones extraordinarias.

11. c) Si el concejal-presidente no convocase la sesión extraordinaria para su celebración en el plazo señalado, quedará automáticamente convocada la sesión plenaria de la Junta Municipal del Distrito para el décimo día hábil siguiente al de la finalización de dicho plazo, a la misma hora de celebración de las sesiones ordinarias, lo que será notificado por la Secretaría del Distrito a todos los miembros de la misma al día siguiente de la finalización del plazo citado anteriormente.

12. b) Más de quince días hábiles.

13. b) La Junta Municipal de Distrito se constituirá en sesión plenaria, una vez constituido el Pleno municipal y nombrados el concejal-presidente y los vocales vecinos.

14. b) No habrá lugar a realizar dicho debate durante el año en que se celebren elecciones municipales.

15. a) El voto puede emitirse en sentido afirmativo o negativo, pudiendo los miembros de la Junta Municipal abstenerse de votar. A efectos de la votación correspondiente se considerará que se abstienen los miembros de la Junta Municipal del Distrito que no estén presentes en el momento de la votación.

16. a) Al Secretario del Distrito.

17. a) Al Concejal-Presidente.

18. a) Tienen derecho de asistir, con voz y voto, a las sesiones de la Junta Municipal del Distrito y a las de aquellos otros órganos de los que formen parte, de conformidad con lo dispuesto en el Reglamento y en las demás disposiciones que resulten de aplicación.

19. c) Ambas son correctas.

20. b) En el Distrito donde desempeñen su cargo.

Ordenanzas y reglamentos de las Entidades locales. Procedimiento de elaboración y aprobación. Especial referencia al Ayuntamiento de Madrid

1. El plazo de exposición pública de los acuerdos provisionales de aprobación de Ordenanzas Fiscales será de:

a) 30 días hábiles como mínimo.
b) 30 días naturales como máximo.
c) 30 días hábiles como máximo.

2. El artículo 4.1.a) de la Ley 7/1985, de 2 de abril, reguladora de las Bases del Régimen Local, determina que, en su calidad de Administraciones públicas de carácter territorial, y dentro de la esfera de sus competencias, corresponden en todo caso a los municipios, las provincias y las islas:

a) Las potestades reglamentaria y de autoorganización.
b) Las Ordenanzas, que son disposiciones administrativas de carácter general y de rango superior a la ley elaboradas por los entes locales que, en la esfera de su competencia, los Ayuntamientos pueden aprobar.
c) La potestad reglamentaria, que es atribuida por la Ley, de suerte que aún sin la previa atribución legal, la Administración puede actuar.

3. Una Ordenanza Fiscal entra en vigor:

a) A los 15 días de su publicación en el BOP o CA uniprovincial.
b) En el momento de su publicación en el BOP o CA uniprovincial.
c) Al día siguiente de su publicación en el BOP o CA uniprovincial.

4. En relación con el procedimiento de aprobación de las ordenanzas locales, el artículo 49 de la Ley 7/1985, de 2 de abril, contempla:

a) Un periodo de información pública y audiencia a los interesados por el plazo mínimo de un mes para la presentación de reclamaciones y sugerencias.
b) Un periodo de información pública y audiencia a los interesados por el plazo mínimo de treinta días para la presentación de reclamaciones y sugerencias.
c) Un periodo de información pública a los interesados por un plazo mínimo de treinta días para la presentación de reclamaciones y sugerencias.

5. Las ordenanzas regulan las relaciones entre:

a) El ente local y los ciudadanos.
b) El ente local y los funcionarios.
c) El Alcalde y los Concejales.

6. Según el art. 70.2 de la Ley 7/1985, de 2 de abril, reguladora de las Bases del Régimen Local (LRBRL), la entrada en vigor de las ordenanzas no fiscales, se producirá:

a) Una vez se publique completamente su texto en el BOP y haya transcurrido el plazo de 10 días naturales.
b) Una vez se publique completamente su texto en el BOP y haya transcurrido el plazo de 15 días naturales.
c) Una vez se publique completamente su texto en el BOP y haya transcurrido el plazo de 15 días hábiles.

7. La potestad reglamentaria de las Entidades Locales se manifiesta:

a) A través de Bandos dictados directamente por el Alcalde.
b) Mediante el establecimiento y aprobación de Ordenanzas y Reglamentos.
c) Ambas son correctas.

8. ¿Qué ocurre, dentro del procedimiento de elaboración y aprobación de una Ordenanza, si no se presenta ninguna reclamación o sugerencia?

a) Se entiende definitivamente adoptado el acuerdo hasta entonces provisional.
b) Se adopta un nuevo acuerdo definitivo, distinto al provisional.
c) Se vuelve a dar un nuevo plazo para la presentación de reclamaciones o sugerencias.

9. El artículo 49.a) de la Ley 7/1985, de 2 de abril, reguladora de las Bases del Régimen Local, determina que la aprobación de las Ordenanzas locales se ajustará al siguiente procedimiento:

a) Aprobación inicial en Junta de Gobierno.
b) Aprobación inicial y definitiva por el Pleno.
c) Aprobación inicial por el Pleno.

10. El órgano competente para dictar un bando es:

a) El Pleno de la corporación municipal.
b) El Alcalde de la corporación municipal.
c) La Junta de Gobierno Local de la corporación municipal.

11. Según el artículo 127 de la Ley 7/1985, de 2 de abril, la aprobación de los proyectos de ordenanzas y de los reglamentos, incluidos los orgánicos:

a) Corresponde al Pleno por mayoría simple.
b) Corresponde a la Junta de Gobierno Local.
c) Corresponde al Alcalde.

12. Según el artículo 123 de la Ley 7/1985, de 2 de abril, en los municipios de gran población, la aprobación y modificación de las ordenanzas y reglamentos municipales:

a) Requerirá el voto favorable de la mayoría absoluta del número legal de miembros del Pleno.
b) Requerirá el voto favorable de dos tercios del número legal de miembros del Pleno.
c) Requerirá el voto favorable de la mayoría simple del número legal de miembros del Pleno.

13. Las disposiciones de carácter general en el ámbito municipal pueden revestir la forma de:

a) Reglamentos, ordenanzas y bandos.
b) Reglamentos, ordenanzas, bandos y apercibimientos.
c) Únicamente reglamentos y ordenanzas.

14. Señala cuál de estas respuestas es correcta:

a) El alcalde aprueba reglamentos y ordenanzas, el pleno aprueba bandos.
b) La Junta de Gobierno local aprueba ordenanzas y bandos, el alcalde aprueba reglamentos.
c) El alcalde aprueba bandos, el Pleno aprueba los reglamentos y las ordenanzas.

15. Entre ordenanzas y reglamentos, ¿cuál es el de mayor valor normativo?

a) La ordenanza es superior al reglamento.
b) El reglamento es superior a la ordenanza.
c) Tienen el mismo valor normativo.

En MADTEST tienes **más preguntas de este tema, algunas de ellas comentadas y argumentadas**, y todos tus avances quedan registrados y se reflejan en el ranking.

¡Supera tus límites con MADTEST!

A continuación te presentamos algunos ejemplos de preguntas comentadas:

16. La aprobación de las Ordenanzas Locales se ajustará a lo establecido en el:

a) Artículo 35 Real Decreto 2568/1986, de 28 de noviembre.
b) Artículo 49 de la Ley 7/1985, de 2 de abril.
c) Artículo 55 de la Ley 7/1985, de 2 de abril.

Respuesta correcta: b) Artículo 49 de la Ley 7/1985, de 2 de abril.

Según el cual: La aprobación de las Ordenanzas locales se ajustará al siguiente procedimiento:

a) Aprobación inicial por el Pleno.

b) Información pública y audiencia a los interesados por el plazo mínimo de treinta días para la presentación de reclamaciones y sugerencias.

c) Resolución de todas las reclamaciones y sugerencias presentadas dentro del plazo y aprobación definitiva por el Pleno.

En el caso de que no se hubiera presentado ninguna reclamación o sugerencia, se entenderá definitivamente adoptado el acuerdo hasta entonces provisional.

17. ¿A quién le corresponde, en los Municipios de gran población, la aprobación de los proyectos de ordenanzas y reglamentos, incluidos los orgánicos, con excepción de las normas reguladoras del Pleno y de sus comisiones?

a) Al Alcalde.
b) Al Pleno.
c) A la Junta de Gobierno Local.

Respuesta correcta: c) A la Junta de Gobierno Local.

La fundamentación legal de esta pregunta la encontramos en el artículo 127.1.a) de la Ley 7/1985, de 2 de abril, reguladora de las Bases del Régimen Local, que señala, conforme al cual:

1. Corresponde a la Junta de Gobierno Local:

   a) La aprobación de los proyectos de ordenanzas y de los reglamentos, incluidos los orgánicos, con excepción de las normas reguladoras del Pleno y sus comisiones.

18. Conforme a lo dispuesto en el artículo 49 de la Ley 7/1985, de 2 de abril, de las bases del Régimen Local, la aprobación de las Ordenanzas locales se ajustará al siguiente procedimiento:

a) Aprobación inicial por el Alcalde, información pública y aprobación definitiva por el Pleno.

b) Aprobación inicial por el Pleno, información pública y aprobación definitiva por el Pleno, en el caso de que se presenten reclamaciones o sugerencias.

c) Aprobación inicial por la Junta de Gobierno Local, información pública y aprobación definitiva por el Pleno por mayoría absoluta.

Respuesta correcta: b) Aprobación inicial por el Pleno, información pública y aprobación definitiva por el Pleno, en el caso de que se presenten reclamaciones o sugerencias.

Según el artículo 49 LRL, la aprobación de las Ordenanzas locales se ajustará al siguiente procedimiento:

a) Aprobación inicial por el Pleno.

b) Información pública y audiencia a los interesados por el plazo mínimo de treinta días para la presentación de reclamaciones y sugerencias.

c) Resolución de todas las reclamaciones y sugerencias presentadas dentro del plazo y aprobación definitiva por el Pleno.

19. Los actos de deterioro grave y relevante de equipamientos, infraestructuras, instalaciones o elementos de un servicio público, constituyen una infracción a las ordenanzas locales de carácter:

a) Muy grave.
b) Grave.
c) Menos grave.

Respuesta correcta: a) Muy grave.

La fundamentación legal de esta pregunta la encontramos en el artículo 140.1 de la Ley 7/1985, de 2 de abril, reguladora de las Bases del Régimen Local, que señala:

1. Las infracciones a las ordenanzas locales a que se refiere el artículo anterior se clasificarán en muy graves, graves y leves.

   Serán muy graves las infracciones que supongan:

   (...)

   d) Los actos de deterioro grave y relevante de equipamientos, infraestructuras, instalaciones o elementos de un servicio público. (...)

20. En régimen ordinario y de acuerdo con el artículo 22 de la Ley de Bases del Régimen Local, la competencia de aprobar Reglamentos orgánicos y ordenanzas corresponde:

a) Al Pleno y es delegable.
b) Al Pleno y no es delegable.
c) Al Pleno y solo es delegable en la Junta de Gobierno Local si existiera.

Respuesta correcta: b) Al Pleno y no es delegable.

Según el artículo 22.2.d) de la LRL:

Corresponden, en todo caso, al Pleno municipal en los Ayuntamientos, y a la Asamblea vecinal en el régimen de Concejo Abierto, las siguientes atribuciones:

(...)

d) La aprobación del reglamento orgánico y de las ordenanzas.

Solución al test n.º 13

1. a) 30 días hábiles como mínimo.

2. a) Las potestades reglamentaria y de autoorganización.

3. b) En el momento de su publicación en el BOP o CA uniprovincial.

4. b) Un periodo de información pública y audiencia a los interesados por el plazo mínimo de treinta días para la presentación de reclamaciones y sugerencias.

5. a) El ente local y los ciudadanos.

6. c) Una vez se publique completamente su texto en el BOP y haya transcurrido el plazo de 15 días hábiles.

7. c) Ambas son correctas.

8. a) Se entiende definitivamente adoptado el acuerdo hasta entonces provisional.

9. c) Aprobación inicial por el Pleno.

10. b) El Alcalde de la corporación municipal.

11. b) Corresponde a la Junta de Gobierno Local.

12. c) Requerirá el voto favorable de la mayoría simple del número legal de miembros del Pleno.

13. a) Reglamentos, ordenanzas y bandos.

14. c) El alcalde aprueba bandos, el Pleno aprueba los reglamentos y las ordenanzas.

15. c) Tienen el mismo valor normativo.

16. b) Artículo 49 de la Ley 7/1985, de 2 de abril.

17. a) En todo caso.

18. b) Aprobación inicial por el Pleno, información pública y aprobación definitiva por el Pleno, en el caso de que se presenten reclamaciones o sugerencias.

19. a) Cualquier interesado.

20. b) Al Pleno y no es delegable.

Contratos del Sector Público: Objeto y ámbito de aplicación. Órganos de contratación en las Entidades Locales

1. Uno de los objetos de la Ley 9/2017, de Contratos del Sector Público (LCSP), es asegurar una eficiente utilización de los fondos destinados a la realización de obras, la adquisición de bienes y la contratación de servicios mediante la exigencia de la definición previa de las necesidades a satisfacer, la salvaguarda de la libre competencia y la selección de la oferta económicamente más ventajosa, todo ello en conexión con el objetivo de estabilidad presupuestaria y control del gasto, y el principio de:

a) Integridad.
b) Transparencia.
c) Efectividad.

2. Señala la respuesta incorrecta. La Ley 9/2017, tal como dispone su artículo 1, tiene por objeto regular la contratación del sector público, a fin de asegurar, en conexión con el objetivo de estabilidad presupuestaria y control del gasto, y el principio de integridad una eficiente utilización de los fondos destinados a la realización de obras, la adquisición de bienes y la contratación de servicios mediante:

a) La exigencia de la definición previa de las necesidades a satisfacer.
b) La transparencia de los procedimientos de adjudicación.
c) La salvaguarda de la libre competencia.

3. Señala la respuesta incorrecta. La Ley 9/2017, tal como dispone su artículo 1, tiene por objeto regular la contratación del sector público, a fin de garantizar que la misma se ajusta a los principios de:

a) Libertad de acceso a las licitaciones.
b) Publicidad y transparencia de los procedimientos.
c) Responsabilidad por daños y perjuicios causados a terceros.

4. En toda contratación pública se incorporarán de manera transversal y precep-tiva criterios sociales y medioambientales:

a) En todo caso.
b) Siempre que guarde relación con el objeto del contrato.
c) Siempre que se garantice la relación calidad-precio.

5. Señala la respuesta incorrecta. A efectos de la Ley 9/2017, de Contratos del Sector Público, se consideran poderes adjudicadores:

a) Las mutuas colaboradoras con la Seguridad Social.
b) Las fundaciones públicas.
c) Las entidades con personalidad jurídica propia que hayan sido creadas específica-mente para satisfacer necesidades de interés general que tengan carácter industrial o mercantil.

6. Se entenderá que un contrato tiene carácter oneroso en los casos en que:

a) El contratista obtenga algún tipo de beneficio económico de forma directa.
b) El órgano contratante obtenga algún tipo de beneficio económico.
c) El contratista obtenga algún tipo de beneficio económico, ya sea de forma directa o indirecta.

7. Los consorcios y otras entidades de derecho público se consideran Adminis-traciones Públicas a efectos de la Ley 9/2017, de Contratos del Sector Público, si se dan las circunstancias establecidas para poder ser considerados poder adjudicador y estando vinculados a una o varias Administraciones Públicas o dependientes de las mismas, no se financien mayoritariamente:

a) Con subvenciones.
b) Con ingresos de mercado.
c) Con tasas e impuestos.

8. Los partidos políticos, así como las organizaciones sindicales y las organiza-ciones empresariales y asociaciones profesionales, además de las fundaciones y asociaciones vinculadas a cualquiera de ellos, cuando cumplan los requisitos para ser poder adjudicador y respecto de los contratos sujetos a regulación armonizada deberán actuar conforme a los principios de publicidad, concurrencia, transparen-cia, igualdad y no discriminación sin perjuicio del respeto a la autonomía de la vo-luntad y, cuando sea procedente, de:

a) La confidencialidad.
b) El interés general.
c) La libertad de asociación.

9. Según el artículo 3 de la Ley de Contratos del Sector Público, es un requisito para que una fundación se considere una fundación pública:

a) Que se constituya de forma inicial, con una aportación mayoritaria directa de una o varias entidades integradas en el sector público.

b) Que el patrimonio de la fundación esté integrado en más de un 50 % por bienes o derechos aportados o cedidos por sujetos integrantes del sector público tengan carácter permanente o no.

c) Que la mayoría de derechos de voto en su patronato corresponda a representantes del sector público.

10. A efectos de la LCSP, los fondos sin personalidad jurídica se considerarán:

a) Administraciones Públicas.

b) Poderes adjudicadores.

c) Que forman parte del sector público.

11. Los contratos de concesiones de obras y concesiones de servicios, que se celebren en el ámbito de la seguridad y de la defensa, que sean adjudicados en el marco de un programa de cooperación basado en la investigación y el desarrollo de un nuevo producto y, en su caso, también relacionados con el ciclo de vida del mismo o partes de dicho ciclo:

a) Están incluidos en el ámbito de aplicación de la LCSP.

b) Están excluidos del ámbito de aplicación de la LCSP.

c) Se excluirán del ámbito de aplicación de la LCSP siempre que participen en el programa al menos dos Estados miembros de la Unión Europea.

12. Las encomiendas de gestión reguladas en la legislación vigente en materia de régimen jurídico del sector público:

a) Están incluidas en el ámbito de aplicación de la LCSP.

b) Están excluidas del ámbito de aplicación de la LCSP.

c) Están incluidas en el ámbito de aplicación de la LCSP, siempre que no se celebren en el ámbito de la seguridad y la defensa.

13. No se consideran contratos de suministros:

a) Aquellos en los que el empresario se obligue a entregar una pluralidad de bienes de forma sucesiva y por precio unitario sin que la cuantía total se defina con exactitud al tiempo de celebrar el contrato, por estar subordinadas las entregas a las necesidades del adquirente.

b) Los que tengan por objeto la adquisición y el arrendamiento de equipos y sistemas de telecomunicaciones o para el tratamiento de la información, sus dispositivos y programas, y la cesión del derecho de uso de estos últimos.

c) Los de adquisición de programas de ordenador desarrollados a medida.

14. Conforme al artículo 11.6 de la LCSP, queda excluida de esta ley la prestación de servicios sociales por entidades privadas, siempre que esta se realice sin necesidad de celebrar contratos públicos, a través, entre otros medios, de la simple financiación de estos servicios o la concesión de licencias o autorizaciones a todas las entidades que cumplan las condiciones previamente fijadas por el poder adjudicador, sin límites ni cuotas, y que dicho sistema garantice una publicidad suficiente y se ajuste a los principios de:

a) Transparencia y no discriminación.
b) Publicidad y libre concurrencia.
c) Igualdad y confidencialidad.

15. Cuando no esté garantizado que, en condiciones normales de funcionamiento, el concesionario de una obra o servicio vaya a recuperar las inversiones realizadas ni a cubrir los costes en que hubiera incurrido como consecuencia de la explotación de las obras que sean objeto de la concesión, se entiende que el concesionario asume un riesgo:

a) De demanda.
b) Operacional.
c) Previsible.

En MADTEST tienes **más preguntas de este tema, algunas de ellas comentadas y argumentadas**, y todos tus avances quedan registrados y se reflejan en el ranking.

¡Supera tus límites con MADTEST!

A continuación te presentamos algunos ejemplos de preguntas comentadas:

16. Conforme al artículo 15 de la LCSP, el contrato de concesión de servicios es aquel en cuya virtud uno o varios poderes adjudicadores encomiendan a título.............. a una o varias personas, naturales o jurídicas, la gestión de un servicio cuya prestación sea de su titularidad o competencia, y cuya contrapartida venga constituida bien por el derecho a explotar los servicios objeto del contrato o bien por dicho derecho acompañado del de percibir un precio. Señala la palabra que falta:

a) Oneroso.
b) Ganancial.
c) Gravoso.

Respuesta correcta: a) Oneroso.

Según el artículo 15.1 LCSP, el contrato de concesión de servicios es aquel en el que el/los poder/es adjudicador/es encomiendan a una o varias personas naturales o jurídicas la gestión de un servicio a título oneroso.

17. En relación con los contratos de servicios, es cierto que:

a) Los servicios han de implicar ejercicio de la autoridad inherente a los poderes públicos.
b) Su objeto son prestaciones de hacer consistentes en el desarrollo de una actividad o dirigidas a la obtención de un resultado distinto de una obra o suministro.
c) Tienen por objeto la adquisición, el arrendamiento financiero, o el arrendamiento, con o sin opción de compra, de productos o bienes muebles.

Respuesta correcta: b) Su objeto son prestaciones de hacer consistentes en el desarrollo de una actividad o dirigidas a la obtención de un resultado distinto de una obra o suministro.

Según el artículo 17 LCSP, son contratos de servicios aquellos cuyo objeto son prestaciones de hacer consistentes en el desarrollo de una actividad o dirigidas a la obtención de un resultado distinto de una obra o suministro, incluyendo aquellos en que el adjudicatario se obligue a ejecutar el servicio de forma sucesiva y por precio unitario.

No podrán ser objeto de estos contratos los servicios que impliquen ejercicio de la autoridad inherente a los poderes públicos.

18. En los casos en que un elemento del contrato mixto sea una obra, deberá elaborarse un proyecto y tramitarse cómo para los contratos de obras, siempre que esta supere la siguiente cantidad:

a) A partir de 50.000 euros.
b) A partir de 100.000 euros.
c) A partir de 300.000 euros.

Respuesta correcta: a) A partir de 50.000 euros.

Según el artículo 18.3 LCSP: No obstante lo establecido en el apartado 1, en los casos en que un elemento del contrato mixto sea una obra y esta supere los 50.000 euros, deberá elaborarse un proyecto y tramitarse de conformidad con los artículos 231 y siguientes de la presente Ley.

19. Los contratos que tengan por objeto servicios de certificación y autenticación de documentos que deban ser prestados por un notario público, NO se considerarán sujetos a regulación armonizada:

a) Cuando su valor estimado sea igual o inferior a 143.000 euros.
b) Cuando su valor estimado sea igual o inferior a 221.000 euros.
c) Cualquiera que sea su valor estimado.

Respuesta correcta: c) Cualquiera que sea su valor estimado.

Según el artículo 19.2.e) LCSP:

2. No obstante lo señalado en el apartado anterior, no se consideran sujetos a regulación armonizada, cualquiera que sea su valor estimado, los contratos siguientes:

e) Aquellos que tengan por objeto cualquiera de los siguientes servicios jurídicos:

1.º La representación y defensa legal de un cliente por un procurador o un abogado, ya sea en un arbitraje o una conciliación celebrada en un Estado o ante una instancia internacional de conciliación o arbitraje, o ya sea en un procedimiento judicial ante los órganos jurisdiccionales o las autoridades públicas de un Estado o ante órganos jurisdiccionales o instituciones internacionales.

2.º El asesoramiento jurídico prestado como preparación de uno de los procedimientos mencionados en el apartado anterior de la presente letra, o cuando exista una probabilidad alta de que el asunto sobre el que se asesora será objeto de dichos procedimientos, siempre que el asesoramiento lo preste un abogado.

3.º Los servicios de certificación y autenticación de documentos que deban ser prestados por un notario público.

4.º Los servicios jurídicos prestados por administradores, tutores u otros servicios jurídicos cuyos prestadores sean designados por un órgano jurisdiccional o designados por ley para desempeñar funciones específicas bajo la supervisión de dichos órganos jurisdiccionales.

5.º Otros servicios jurídicos que estén relacionados, incluso de forma ocasional, con el ejercicio del poder público.

20. El responsable del contrato, al que corresponderá supervisar su ejecución y adoptar las decisiones y dictar las instrucciones necesarias con el fin de asegurar la correcta realización de la prestación pactada, dentro del ámbito de facultades que aquellos le atribuyan:

a) Deberá ser una persona física vinculada a la entidad contratante.

b) Podrá ser una persona física o jurídica designada por el contratista.

c) Podrá ser una persona física o jurídica, vinculada a la entidad contratante o ajena a él.

Respuesta correcta: c) Podrá ser una persona física o jurídica, vinculada a la entidad contratante o ajena a él.

Según el artículo 62.1 LCSP:

Con independencia de la unidad encargada del seguimiento y ejecución ordinaria del contrato que figure en los pliegos, los órganos de contratación deberán designar un responsable del contrato al que corresponderá supervisar su ejecución y adoptar las decisiones y dictar las instrucciones necesarias con el fin de asegurar la correcta realización de la prestación pactada, dentro del ámbito de facultades que aquellos le atribuyan. El responsable del contrato podrá ser una persona física o jurídica, vinculada a la entidad contratante o ajena a él.

Solución al test n.º 14

1. a) Integridad.

2. b) La transparencia de los procedimientos de adjudicación.

3. c) Responsabilidad por daños y perjuicios causados a terceros.

4. b) Siempre que guarde relación con el objeto del contrato.

5. c) Las entidades con personalidad jurídica propia que hayan sido creadas específicamente para satisfacer necesidades de interés general que tengan carácter industrial o mercantil.

6. c) El contratista obtenga algún tipo de beneficio económico, ya sea de forma directa o indirecta.

7. b) Con ingresos de mercado.

8. a) La confidencialidad.

9. c) Que la mayoría de derechos de voto en su patronato corresponda a representantes del sector público.

10. c) Que forman parte del sector público.

11. c) Se excluirán del ámbito de aplicación de la LCSP siempre que participen en el programa al menos dos Estados miembros de la Unión Europea.

12. b) Están excluidas del ámbito de aplicación de la LCSP.

13. c) Los de adquisición de programas de ordenador desarrollados a medida.

14. a) Transparencia y no discriminación.

15. b) Operacional.

16. a) Oneroso.

17. b) Su objeto son prestaciones de hacer consistentes en el desarrollo de una actividad o dirigidas a la obtención de un resultado distinto de una obra o suministro.

18. a) A partir de 50.000 euros.

19. c) Cualquiera que sea su valor estimado.

20. c) Podrá ser una persona física o jurídica, vinculada a la entidad contratante o ajena a él.

El Personal al servicio de la Administración Pública conforme al Real Decreto Legislativo 5/2015, de 30 de octubre, por el que se aprueba el Texto Refundido de la Ley del Estatuto Básico del Empleado Público: Clases de personal. Adquisición y pérdida de la relación de servicio. Situaciones administrativas. Derechos de los empleados públicos. Régimen disciplinario

1. El vigente texto refundido de la Ley del Estatuto Básico del Empleado Público fue aprobado por:

a) Real Decreto Legislativo 5/2015, de 30 de octubre.
b) Real Decreto Legislativo 2/2015, de 23 de octubre.
c) Real Decreto Legislativo 3/2015, de 23 de octubre.

2. El empleo en el sector público se caracteriza por estar configurado por un modelo:

a) Unitario de personal funcionario.
b) Unitario de personal estatutario.
c) Dual de regímenes jurídicos, personal funcionario y personal laboral.

3. El Estatuto Básico del Empleado Público (EBEP) contiene:

a) Aquello que es común al conjunto de los empleados públicos de todas las Administraciones Públicas.
b) Las normas legales específicas aplicables a los empleados públicos de todas las Administraciones Públicas.
c) Aquello que es común al conjunto de los funcionarios de todas las Administraciones Públicas, más las normas legales específicas aplicables al personal laboral a su servicio.

4. Para todo el personal de las Administraciones Públicas no incluido en su ámbito de aplicación, el EBEP tendrá carácter:

a) Consultivo.
b) Voluntario.
c) Supletorio.

5. El Texto Refundido del Estatuto Básico del Empleado Público se aplicará directamente, sin necesidad de que lo disponga su legislación específica, al siguiente personal:

a) Personal funcionario de las Cortes Generales.
b) Personal del Centro Nacional de Inteligencia.
c) Personal de las Universidades Públicas.

6. El Título IV del Texto Refundido de la Ley del Estatuto Básico del Empleado Público trata de:

a) Derechos y deberes. Código de conducta de los empleados públicos.
b) Adquisición y pérdida de la relación de servicio.
c) Ordenación de la actividad profesional.

7. El Texto Refundido de la Ley del Estatuto Básico del Empleado Público (TR-LEBEP) establece cuatro tipos de empleados públicos, entre los que no figura:

a) Funcionarios interinos.
b) Personal laboral.
c) Personal militar.

8. Corresponden en exclusiva a los funcionarios públicos, en los términos que en la ley de desarrollo de cada Administración Pública se establezca, el ejercicio de las funciones que impliquen la participación directa o indirecta:

a) En el archivo y documentación de información administrativa.
b) En tareas administrativas.
c) En el ejercicio de las potestades públicas.

9. Según el artículo 9.1 del EBEP, es una característica del funcionario de carrera el desempeño de servicios profesionales retribuidos de carácter:

a) Permanente.
b) Público.
c) Administrativo.

10. Podrá nombrarse personal funcionario interino para la ejecución de programas de carácter temporal, que no podrán tener una duración:

a) Inferior a 3 años.
b) Superior a 2 años, ampliable hasta doce meses más por las leyes de Función Pública que se dicten en desarrollo del TR-LEBEP.
c) Superior a 3 años, ampliable hasta doce meses más por las leyes de Función Pública que se dicten en desarrollo del TR-LEBEP.

11. Podrá nombrarse personal funcionario interino por exceso o acumulación de tareas:

a) Por plazo máximo de nueve meses, dentro de un periodo de dieciocho meses.
b) Por un plazo mínimo de 3 meses y máximo de 1 año.
c) Por un plazo máximo de 3 años, ampliable hasta doce meses más por las leyes de Función Pública que se dicten en desarrollo del TR-LEBEP.

12. Son funcionarios interinos los que son nombrados como tales para el desempeño de funciones propias de funcionarios de carrera por razones expresamente justificadas de necesidad y/e:

a) Urgencia.
b) Interés.
c) Conveniencia.

13. El número de puestos cubiertos por personal eventual:

a) Es indefinido e ilimitado.
b) Está limitado por un máximo establecido por los respectivos órganos de gobierno.
c) Está limitado a tres por cada órgano superior de la Administración Pública.

14. Es personal eventual el que, en virtud de nombramiento y con carácter no permanente, solo realiza funciones expresamente calificadas como de confianza o:

a) Representación política.
b) Asesoramiento especial.
c) Gran responsabilidad.

15. En relación con el personal eventual, es cierto que:

a) Será retribuido con cargo a los créditos presupuestarios consignados para el personal funcionario.
b) La condición de personal eventual constituirá mérito en la fase de concurso para el acceso a la Función Pública.
c) Su cese tendrá lugar, en todo caso, cuando se produzca el de la autoridad a la que se preste la función de confianza o asesoramiento.

En MADTEST tienes **más preguntas de este tema, algunas de ellas comentadas y argumentadas**, y todos tus avances quedan registrados y se reflejan en el ranking.

¡Supera tus límites con MADTEST!

A continuación te presentamos algunos ejemplos de preguntas comentadas:

16. En relación con el personal directivo, el EBEP establece que:

a) Su designación atenderá a principios de mérito y capacidad.
b) Su designación atenderá a criterios de eficacia y eficiencia.
c) La determinación de sus condiciones de empleo serán objeto de negociación colectiva.

Respuesta correcta: a) Su designación atenderá a principios de mérito y capacidad.

Según el artículo 13 del EBEP: El Gobierno y los órganos de gobierno de las comunidades autónomas podrán establecer, en desarrollo de este Estatuto, el régimen jurídico específico del personal directivo así como los criterios para determinar su condición, de acuerdo, entre otros, con los siguientes principios:

1. Es personal directivo el que desarrolla funciones directivas profesionales en las Administraciones Públicas, definidas como tales en las normas específicas de cada Administración.

2. Su designación atenderá a principios de mérito y capacidad y a criterios de idoneidad, y se llevará a cabo mediante procedimientos que garanticen la publicidad y concurrencia.

3. El personal directivo estará sujeto a evaluación con arreglo a los criterios de eficacia y eficiencia, responsabilidad por su gestión y control de resultados en relación con los objetivos que les hayan sido fijados.

4. La determinación de las condiciones de empleo del personal directivo no tendrá la consideración de materia objeto de negociación colectiva a los efectos de esta ley. Cuando el personal directivo reúna la condición de personal laboral estará sometido a la relación laboral de carácter especial de alta dirección.

17. La designación del personal directivo de las Administraciones Públicas se llevará a cabo mediante procedimientos que garanticen:

a) La publicidad y concurrencia.
b) La idoneidad.
c) El mérito y la capacidad.

Respuesta correcta: a) La publicidad y concurrencia.

Conforme al artículo 13.2 del EBEP, la designación del personal directivo atenderá a principios de mérito y capacidad y a criterios de idoneidad, y se llevará a cabo mediante procedimientos que garanticen la publicidad y concurrencia.

18. Los órganos de selección serán colegiados y su composición deberá ajustarse a los principios de:

a) Imparcialidad y profesionalidad de sus miembros.
b) Representatividad y homogeneidad.
c) Publicidad y transparencia.

Respuesta correcta: a) Imparcialidad y profesionalidad de sus miembros.

Conforme al artículo 60.1 del EBEP: Los órganos de selección serán colegiados y su composición deberá ajustarse a los principios de imparcialidad y profesionalidad de sus miembros, y se tenderá, asimismo, a la paridad entre mujer y hombre.

19. ¿Cuál es la edad mínima para poder participar en los procesos selectivos de acceso al empleo público?

a) 14 años.
b) 16 años.
c) 17 años.

Respuesta correcta: b) 16 años.

Según el artículo 56.1 del EBEP:

Para poder participar en los procesos selectivos será necesario reunir los siguientes requisitos:

a) Tener la nacionalidad española, sin perjuicio de lo dispuesto en el artículo siguiente.

b) Poseer la capacidad funcional para el desempeño de las tareas.

c) Tener cumplidos dieciséis años y no exceder, en su caso, de la edad máxima de jubilación forzosa. Sólo por ley podrá establecerse otra edad máxima, distinta de la edad de jubilación forzosa, para el acceso al empleo público.

d) No haber sido separado mediante expediente disciplinario del servicio de cualquiera de las Administraciones Públicas o de los órganos constitucionales o estatutarios de las Comunidades Autónomas, ni hallarse en inhabilitación absoluta o especial para empleos o cargos públicos por resolución judicial, para el acceso al cuerpo o escala de funcionario, o para ejercer funciones similares a las que desempeñaban en el caso del personal laboral, en el que hubiese sido separado o inhabilitado. En el caso de ser nacional de otro Estado, no hallarse inhabilitado o en situación equivalente ni haber sido sometido a sanción disciplinaria o equivalente que impida, en su Estado, en los mismos términos el acceso al empleo público.

e) Poseer la titulación exigida.

20. El funcionario que haya perdido su condición por cambio de nacionalidad, si recupera la nacionalidad:

a) Volverá automáticamente al puesto de trabajo que ocupaba.
b) No podrá volver a ejercer como funcionario.
c) Podrá solicitar la rehabilitación.

Respuesta correcta: c) Podrá solicitar la rehabilitación.

Según el artículo 68.1 del EBEP, en caso de extinción de la relación de servicios como consecuencia de pérdida de la nacionalidad o jubilación por incapacidad permanente para el servicio, el interesado, una vez desaparecida la causa objetiva que la motivó, podrá solicitar la rehabilitación de su condición de funcionario, que le será concedida.

Solución al test n.º 15

1. a) Real Decreto Legislativo 5/2015, de 30 de octubre.

2. c) Dual de regímenes jurídicos, personal funcionario y personal laboral.

3. c) Aquello que es común al conjunto de los funcionarios de todas las Administraciones Públicas, más las normas legales específicas aplicables al personal laboral a su servicio.

4. c) Supletorio.

5. c) Personal de las Universidades Públicas.

6. b) Adquisición y pérdida de la relación de servicio.

7. c) Personal militar.

8. c) En el ejercicio de las potestades públicas.

9. a) Permanente.

10. c) Superior a 3 años, ampliable hasta doce meses más por las leyes de Función Pública que se dicten en desarrollo del TR-LEBEP.

11. a) Por plazo máximo de nuevo meses, dentro de un periodo de dieciocho meses.

12. a) Urgencia.

13. b) Está limitado por un máximo establecido por los respectivos órganos de gobierno.

14. b) Asesoramiento especial.

15. c) Su cese tendrá lugar, en todo caso, cuando se produzca el de la autoridad a la que se preste la función de confianza o asesoramiento.

16. a) Su designación atenderá a principios de mérito y capacidad.

17. a) La publicidad y concurrencia.

18. a) Imparcialidad y profesionalidad de sus miembros.

19. b) 16 años.

20. c) Podrá solicitar la rehabilitación.

TEST N.º 16

Ley Orgánica 3/2007, de 22 de marzo, para la igualdad efectiva de mujeres y hombres: objeto y ámbito de la ley. El principio de igualdad y la tutela contra la discriminación. El Plan de Igualdad entre mujeres y hombres del Ayuntamiento de Madrid y sus Organismos Autónomos en vigor: ámbito municipal; estructura; objetivo general; líneas de intervención y objetivos específicos

1. El principio de igualdad de trato y de oportunidades entre mujeres y hombres:

a) Solo se aplica en el ámbito del empleo público.

b) Se garantizará incluso en el acceso al trabajo por cuenta propia.

c) No se aplica en la afiliación y participación en organizaciones sindicales o empresariales.

2. Una diferencia de trato basada en una característica relacionada con el sexo, ¿constituye discriminación en el acceso al empleo?

a) Sí, en todo caso.

b) No, siempre que la formación necesaria se base en dicha característica.

c) No, si debido a la naturaleza de las actividades profesionales concretas o al contexto en el que se lleven a cabo, dicha característica constituye un requisito profesional esencial y determinante, siempre y cuando el objetivo sea legítimo y el requisito proporcionado.

3. En virtud del artículo 6.2 de la LO 3/2007, la situación en que una disposición, criterio o práctica aparentemente neutros pone a personas de un sexo en desventaja particular con respecto a personas del otro:

a) En cualquier caso constituirá discriminación directa.

b) En cualquier caso constituirá discriminación indirecta.

c) No se considera discriminación indirecta si dicha disposición, criterio o práctica pueden justificarse objetivamente en atención a una finalidad legítima y los medios para alcanzar dicha finalidad son necesarios y adecuados.

4. Conforme al artículo 6.3 de la LO 3/2007, toda orden de discriminar por razón de sexo:

a) Solo se considera discriminatoria si se ordena discriminar directamente.
b) En ningún caso se puede considerar discriminatoria.
c) En cualquier caso se considera discriminatoria, sea directa o indirecta.

5. En relación con el acoso sexual y el acoso por razón de sexo:

a) La LO 3/2007 equipara ambos conceptos.
b) La diferencia entre ambos radica en que, mientras el primero se circunscribe al ámbito de lo sexual, el segundo supone un tipo de situaciones laborales discriminatorias mucho más amplias, sin tener por qué existir intencionalidad sexual por parte de la persona agresora.
c) Se diferencian en que el primero supone que hay rechazo por parte de la víctima.

6. A los efectos de la LO 3/2007, definimos como acoso sexual:

a) La situación en que una disposición, criterio o práctica aparentemente neutros pone a personas de un sexo en desventaja particular con respecto a personas del otro, salvo que dicha disposición, criterio o práctica puedan justificarse objetivamente en atención a una finalidad legítima y que los medios para alcanzar dicha finalidad sean necesarios y adecuados.
b) Cualquier comportamiento, verbal o físico, de naturaleza sexual que tenga el propósito o produzca el efecto de atentar contra la dignidad de una persona, en particular cuando se crea un entorno intimidatorio, degradante u ofensivo.
c) Todo trato desfavorable a las mujeres relacionado con el embarazo o la maternidad.

7. Conforme al artículo 7.4 de la LO 3/2007, el condicionamiento de un derecho o de una expectativa de derecho a la aceptación de una situación constitutiva de acoso sexual o de acoso por razón de sexo se considerará:

a) Acto de discriminación por razón de sexo.
b) Creación de un entorno intimidatorio, degradante u ofensivo.
c) Anulable y sin efecto.

8. En virtud del artículo 9 de la LO 3/2007, cualquier trato adverso o efecto negativo que se produzca en una persona como consecuencia de la presentación por su parte de queja, reclamación, denuncia, demanda o recurso, de cualquier tipo, destinados a impedir su discriminación y a exigir el cumplimiento efectivo del principio de igualdad de trato entre mujeres y hombres, se considerará:

a) Discriminación directa.
b) Discriminación por razón de sexo.
c) Injustificado.

9. Según el artículo 10 de la LO 3/2007, los actos y las cláusulas de los negocios que constituyan o causen discriminación por razón de sexo darán lugar a responsabilidades a través de un sistema de reparaciones o indemnizaciones que sean (señala la respuesta incorrecta):

a) Reales.

b) Disuasivas.

c) Proporcionadas al perjuicio sufrido.

10. Para prevenir la realización de conductas discriminatorias en los actos y las cláusulas de los negocios jurídicos, el artículo 10 de la LO 3/2017 prevé la existencia de un sistema de sanciones eficaz y:

a) Proporcionado.

b) Disuasorio.

c) Cuantificable.

11. Conforme al artículo 12 de la LO 3/2007, cualquier persona podrá recabar de los tribunales la tutela del derecho a la igualdad entre mujeres y hombres, de acuerdo con lo establecido en el artículo 53.2 de la Constitución:

a) Siempre que la relación en la que supuestamente se produce la discriminación se encuentre vigente.

b) Incluso tras la terminación de la relación en la que supuestamente se ha producido la discriminación.

c) Siempre que se haya dado por terminada la relación en la que supuestamente se produce la discriminación.

12. La persona acosada será la única legitimada en los litigios:

a) Sobre discriminación directa.

b) Sobre acoso sexual y acoso por razón de sexo.

c) Sobre acoso sexual únicamente.

13. ¿En cuál de las siguientes jurisdicciones la carga de la prueba de no discriminación NO pesa sobre el demandado?

a) Jurisdicción penal.

b) Jurisdicción civil.

c) Jurisdicción contencioso-administrativa.

14. De acuerdo con las leyes procesales, en aquellos procedimientos en los que las alegaciones de la parte actora se fundamenten en actuaciones discriminatorias, por razón de sexo, corresponderá a la persona demandada probar la ausencia de discriminación en las medidas adoptadas y su proporcionalidad. A tales efectos, el órgano judicial:

a) A instancia de parte, podrá recabar, si lo estimase útil y pertinente, informe o dictamen de los organismos públicos competentes.

b) Deberá recabar informe o dictamen de los organismos públicos competentes.

c) De oficio, podrá recabar, si lo estimase útil y pertinente, informe o dictamen de los organismos públicos competentes.

15. El Real Decreto-ley 6/2019, de 1 de marzo, de medidas urgentes para garantía de la igualdad de trato y de oportunidades entre mujeres y hombres en el empleo y la ocupación, extendió la exigencia de redacción de los planes de igualdad a empresas de:

a) 10 o más trabajadores.
b) 25 o más trabajadores.
c) 50 o más trabajadores.

En MADTEST tienes **más preguntas de este tema, algunas de ellas comentadas y argumentadas,** y todos tus avances quedan registrados y se reflejan en el ranking.

¡Supera tus límites con MADTEST!

A continuación te presentamos algunos ejemplos de preguntas comentadas:

16. ¿A través de cuántas líneas de intervención se estructuran las acciones del III Plan de Igualdad entre Mujeres y Hombres del Ayuntamiento de Madrid?

a) 3.
b) 5.
c) 7.

Respuesta correcta: a) 3.

Las tres líneas de intervención del III Plan de Igualdad entre Mujeres y Hombres del Ayuntamiento de Madrid son:

– Línea 1: La Institución.

– Línea 2: La Comunicación.

– Línea 3: Las Personas.

17. El I Plan de Igualdad entre Mujeres y Hombres del Ayuntamiento de Madrid y sus OO.AA. ha estado vigente durante el periodo:

a) 2016-2019.
b) 2017-2020.
c) 2017-2019.

Respuesta correcta: b) 2017-2020.

El periodo de vigencia del II Plan es 2022-2024 y el del III Plan incluye el periodo 2024-2027.

18. El Plan de Igualdad tendrá un ámbito de actuación que se extiende a:

a) La totalidad del personal que tenga una relación contractual laboral y/o estatutaria con el Ayuntamiento de Madrid y sus OO.AA. y a todos sus centros de trabajo.

b) Todo el personal laboral cuyo centro de trabajo sea el Ayuntamiento de Madrid.

c) Al personal que esté representado por las Organizaciones Sindicales legitimadas.

Respuesta correcta: a) La totalidad del personal que tenga una relación contractual laboral y/o estatutaria con el Ayuntamiento de Madrid y sus OO.AA. y a todos sus centros de trabajo.

Según el punto 3.1 del III Plan: Su ámbito de actuación se extiende a la totalidad del personal que tenga una relación contractual laboral y/o estatutaria con el Ayuntamiento de Madrid y sus OO.AA.

19. El periodo de vigencia del II Plan de Igualdad entre mujeres y hombres del Ayuntamiento de Madrid y sus OO.AA. era de:

a) Un año.

b) Dos años.

c) Tres años.

Respuesta correcta: c) Tres años.

Su periodo de vigencia comprendió los años 2022, 2023 y 2024.

20. El objetivo general del III Plan de Igualdad entre mujeres y hombres del Ayuntamiento de Madrid y sus OO.AA. es:

a) Remover todos los obstáculos para un correcto ejercicio del desempeño laboral de mujeres y hombres.

b) Promover la igualdad de oportunidades entre la población madrileña.

c) Avanzar en la igualdad entre mujeres y hombres en el Ayuntamiento de Madrid y sus organismos autónomos.

Respuesta correcta: c) Avanzar en la igualdad entre mujeres y hombres en el Ayuntamiento de Madrid y sus organismos autónomos.

Según el punto 4.2 del III Plan: El objetivo general que persigue este plan es avanzar en la igualdad entre mujeres y hombres en el Ayuntamiento de Madrid y sus organismos autónomos.

Solución al test n.º 16

1. b) Se garantizará incluso en el acceso al trabajo por cuenta propia.

2. c) No, si debido a la naturaleza de las actividades profesionales concretas o al contexto en el que se lleven a cabo, dicha característica constituye un requisito profesional esencial y determinante, siempre y cuando el objetivo sea legítimo y el requisito proporcionado.

3. c) No se considera discriminación indirecta si dicha disposición, criterio o práctica pueden justificarse objetivamente en atención a una finalidad legítima y los medios para alcanzar dicha finalidad son necesarios y adecuados.

4. c) En cualquier caso se considera discriminatoria, sea directa o indirecta.

5. b) La diferencia entre ambos radica en que, mientras el primero se circunscribe al ámbito de lo sexual, el segundo supone un tipo de situaciones laborales discriminatorias mucho más amplias, sin tener por qué existir intencionalidad sexual por parte de la persona agresora.

6. b) Cualquier comportamiento, verbal o físico, de naturaleza sexual que tenga el propósito o produzca el efecto de atentar contra la dignidad de una persona, en particular cuando se crea un entorno intimidatorio, degradante u ofensivo.

7. a) Acto de discriminación por razón de sexo.

8. b) Discriminación por razón de sexo.

9. b) Disuasivas.

10. b) Disuasorio.

11. b) Incluso tras la terminación de la relación en la que supuestamente se ha producido la discriminación.

12. b) Sobre acoso sexual y acoso por razón de sexo.

13. a) Jurisdicción penal.

14. a) A instancia de parte, podrá recabar, si lo estimase útil y pertinente, informe o dictamen de los organismos públicos competentes.

15. c) 50 o más trabajadores.

16. a) 3.

17. b) 2017-2020.

18. a) La totalidad del personal que tenga una relación contractual laboral y/o estatutaria con el Ayuntamiento de Madrid y sus OO.AA. y a todos sus centros de trabajo.

19. c) Tres años.

20. c) Avanzar en la igualdad entre mujeres y hombres en el Ayuntamiento de Madrid y sus organismos autónomos.

Ley 31/1995, de 8 de noviembre de Prevención de Riesgos Laborales: Delegados/as de prevención. Comités de seguridad y salud. Especial referencia a la prevención de riesgos laborales del Acuerdo Convenio en vigor sobre condiciones de trabajo comunes al personal funcionario y laboral del Ayuntamiento de Madrid y de sus Organismos Autónomos. Representación de los empleados públicos

1. ¿Qué artículo de la Constitución Española indica que los poderes públicos deben velar por la seguridad e higiene en el trabajo?

a) El artículo 28.
b) El artículo 35.
c) El artículo 40.

2. Para calificar un riesgo desde el punto de vista de su gravedad, se valorarán conjuntamente la severidad del daño y:

a) La probabilidad de que se produzca.
b) La cantidad de trabajadores de la empresa.
c) La existencia o no de equipos individuales de protección.

3. Las disposiciones de carácter laboral contenidas en la Ley 31/1995 y en sus normas reglamentarias tendrán en todo caso el carácter de:

a) Derecho necesario mínimo disponible.
b) Derecho necesario máximo disponible.
c) Derecho necesario mínimo indisponible.

4. La Ley 31/1995 tiene por objeto la determinación del cuerpo básico de .... y responsabilidades preciso para establecer un adecuado nivel de protección de la salud de los trabajadores frente a los riesgos derivados de las condiciones de trabajo. Señala la palabra que falta:

a) Derechos.
b) Obligaciones.
c) Garantías.

5. La Ley 31/1995 y sus normas de desarrollo son de aplicación en el siguiente ámbito o actividad:

a) Policía, seguridad y resguardo aduanero.

b) Sociedades cooperativas en las que existan socios cuya actividad consista en la prestación de un trabajo personal.

c) Servicios operativos de protección civil y peritaje forense en los casos de grave riesgo, catástrofe y calamidad pública.

6. Se consideran procesos potencialmente peligrosos:

a) Aquellos que, en ausencia de medidas preventivas específicas, originen riesgos para la seguridad y la salud de los trabajadores que los desarrollan o utilizan.

b) Cualquier característica del mismo que pueda tener una influencia significativa en la generación de riesgos para la seguridad y la salud del trabajador.

c) Aquellos que, en presencia de medidas preventivas específicas, originen riesgos para la seguridad y la salud de los trabajadores que los desarrollan o utilizan.

7. En el caso de exposición a agentes susceptibles de causar daños graves a la salud de los trabajadores, se considerará que existe un riesgo grave e inminente:

a) Cuando sea improbable racionalmente que se materialice en un futuro inmediato una exposición a dichos agentes de la que puedan derivarse daños graves para la salud, aun cuando estos puedan manifestarse de forma inmediata.

b) Cuando sea probable racionalmente que se materialice en un futuro inmediato una exposición a dichos agentes de la que puedan derivarse daños graves para la salud, siempre que estos se manifiesten de forma inmediata.

c) Cuando sea probable racionalmente que se materialice en un futuro inmediato una exposición a dichos agentes de la que puedan derivarse daños graves para la salud, aun cuando estos no se manifiesten de forma inmediata.

8. Toda lesión corporal que el trabajador sufra con ocasión o por consecuencia del trabajo que ejecute por cuenta ajena, se considera:

a) Enfermedad profesional.

b) Accidente de trabajo.

c) Condición de trabajo.

9. Los Delegados de Prevención:

a) Serán designados por el personal entre los representantes del personal.

b) Serán designados por los representantes del personal entre el personal.

c) Serán designados por y entre los representantes del personal.

10. ¿A qué tipo de Empresas correspondería una representación de 6 Delegados de Prevención?

a) Empresas de 501 a 1.000 trabajadores.
b) Empresas de 2.001 a 3.000 trabajadores.
c) Empresas de 4.001 trabajadores en adelante.

11. El Delegado de Prevención será el Delegado de Personal en todas aquellas empresas con el siguiente número de trabajadores:

a) Empresas de hasta 30 trabajadores.
b) Empresas de hasta 49 trabajadores.
c) Empresas de 31 a 49 trabajadores.

12. En las empresas de 50 a 100 trabajadores se elegirá:

a) Un delegado de prevención.
b) Dos delegados de prevención.
c) Tres delegados de prevención.

13. Conforme al artículo 36 de la Ley 31/1995, es una función de los Delegados de Prevención:

a) Controlar la acción preventiva de la dirección de la empresa.
b) Promover y fomentar la cooperación de los trabajadores en la redacción de la normativa sobre prevención de riesgos laborales.
c) Ejercer una labor de vigilancia y control sobre el cumplimiento de la normativa de prevención de riesgos laborales.

14. En el ejercicio de las competencias atribuidas a los Delegados de Prevención, estos estarán facultados para:

a) Ser informados por el empresario sobre los daños producidos en la salud de los trabajadores una vez que aquel hubiese tenido conocimiento de ellos, presentándose, siempre dentro de su jornada laboral, en el lugar de los hechos para conocer las circunstancias de los mismos.
b) Informar al empresario sobre los daños producidos en la salud de los trabajadores una vez que hubiesen tenido conocimiento de ellos.
c) Ser informados por el empresario sobre los daños producidos en la salud de los trabajadores una vez que aquel hubiese tenido conocimiento de ellos, pudiendo presentarse, aun fuera de su jornada laboral, en el lugar de los hechos para conocer las circunstancias de los mismos.

15. En el ejercicio de las competencias atribuidas a los Delegados de Prevención, estarán facultados para:

a) Realizar visitas a los lugares de trabajo para ejercer una labor de vigilancia y control del estado de las condiciones de trabajo, debiendo, a tal fin, acceder a cualquier zona de los mismos y comunicarse fuera de la jornada con los trabajadores, de manera que no se altere el normal desarrollo del proceso productivo.

b) Informar al empresario de la adopción de medidas de carácter preventivo tomadas para la mejora de los niveles de protección de la seguridad y la salud de los trabajadores.

c) Proponer al órgano de representación de los trabajadores la adopción del acuerdo de paralización de actividades.

En MADTEST tienes **más preguntas de este tema, algunas de ellas comentadas y argumentadas**, y todos tus avances quedan registrados y se reflejan en el ranking.

¡Supera tus límites con MADTEST!

A continuación te presentamos algunos ejemplos de preguntas comentadas:

16. Los informes que deban emitir los Delegados de Prevención a tenor de las consultas preceptivas del empresario referidas a riesgos no inminentes, tendrán que elaborarse en un plazo de:

a) 15 días.
b) 20 días.
c) 1 mes.

Respuesta correcta: a) 15 días.

Conforme al artículo 36.3 de la Ley 31/1995, 8 de noviembre, de Prevención de Riesgos Laborales: Los informes que deban emitir los Delegados de Prevención a tenor de lo dispuesto en la letra c) del apartado 1 de este artículo deberán elaborarse en un plazo de quince días, o en el tiempo imprescindible cuando se trate de adoptar medidas dirigidas a prevenir riesgos inminentes. Transcurrido el plazo sin haberse emitido el informe, el empresario podrá poner en práctica su decisión.

17. Señala la afirmación incorrecta en relación con el art. 35 de la LPRL:

a) Los Delegados de Prevención son los representantes de los trabajadores con funciones específicas en materia de prevención de riesgos en el trabajo.

b) Los Delegados de Prevención serán designados por y entre los representantes del personal.

c) En las empresas de treinta y un trabajadores el Delegado de Prevención será el Delegado de Personal.

Respuesta correcta: c) En las empresas de treinta y un trabajadores el Delegado de Prevención será el Delegado de Personal.

En las empresas de hasta treinta trabajadores el Delegado de Prevención será el Delegado de Personal.

18. Según el artículo 37.2 de la Ley 31/1995, es cierto que:

a) El empresario deberá proporcionar a los Delegados de Prevención los medios y la formación en materia preventiva que resulten necesarios para el ejercicio de sus funciones.
b) En todo caso, la formación se deberá facilitar por el empresario por sus propios medios y deberá adaptarse a la evolución de los riesgos y a la aparición de otros nuevos, repitiéndose periódicamente si fuera necesario.
c) El tiempo dedicado a la formación será considerado como tiempo de trabajo a todos los efectos y pudiendo recaer su coste sobre los Delegados de Prevención.

Respuesta correcta: a) El empresario deberá proporcionar a los Delegados de Prevención los medios y la formación en materia preventiva que resulten necesarios para el ejercicio de sus funciones.

El artículo 37.2 de la Ley 31/1995 establece que:

El empresario deberá proporcionar a los Delegados de Prevención los medios y la formación en materia preventiva que resulten necesarios para el ejercicio de sus funciones.

La formación se deberá facilitar por el empresario por sus propios medios o mediante concierto con organismos o entidades especializadas en la materia y deberá adaptarse a la evolución de los riesgos y a la aparición de otros nuevos, repitiéndose periódicamente si fuera necesario.

El tiempo dedicado a la formación será considerado como tiempo de trabajo a todos los efectos y su coste no podrá recaer en ningún caso sobre los Delegados de Prevención.

19. ¿Cuántos miembros tendrá el Comité de Seguridad y Salud de una empresa que tiene entre 1.001 y 2.000 trabajadores?

a) Cinco.
b) Diez.
c) Catorce.

Respuesta correcta: b) Diez.

Por una parte, el artículo 38.2 de la Ley 31/1995: Se constituirá un Comité de Seguridad y Salud en todas las empresas o centros de trabajo que cuenten con 50 o más trabajadores.

El Comité estará formado por los Delegados de Prevención, de una parte, y por el empresario y/o sus representantes en número igual al de los Delegados de Prevención, de la otra.

Por otra parte, el artículo 35.2 de la ley dispone que:

Los Delegados de Prevención serán designados por y entre los representantes del personal, en el ámbito de los órganos de representación previstos en las normas a que se refiere el artículo anterior, con arreglo a la siguiente escala:

- De 50 a 100 trabajadores: 2 Delegados de Prevención.
- De 101 a 500 trabajadores: 3 Delegados de Prevención.
- De 501 a 1.000 trabajadores: 4 Delegados de Prevención.
- De 1.001 a 2.000 trabajadores: 5 Delegados de Prevención.
- De 2.001 a 3.000 trabajadores: 6 Delegados de Prevención.
- De 3.001 a 4.000 trabajadores: 7 Delegados de Prevención.
- De 4.001 en adelante: 8 Delegados de Prevención.

En las empresas de hasta treinta trabajadores el Delegado de Prevención será el Delegado de Personal. En las empresas de treinta y uno a cuarenta y nueve trabajadores habrá un Delegado de Prevención que será elegido por y entre los Delegados de Personal.

20. Se constituirá un Comité de Seguridad y Salud en todas las empresas o centros de trabajo que cuenten con al menos:

a) 10 trabajadores.
b) 30 trabajadores.
c) 50 trabajadores.

Respuesta correcta: c) 50 trabajadores.

Según el artículo 38.2 de la Ley 31/1995:

Se constituirá un Comité de Seguridad y Salud en todas las empresas o centros de trabajo que cuenten con 50 o más trabajadores.

El Comité estará formado por los Delegados de Prevención, de una parte, y por el empresario y/o sus representantes en número igual al de los Delegados de Prevención, de la otra.

En las reuniones del Comité de Seguridad y Salud participarán, con voz pero sin voto, los Delegados Sindicales y los responsables técnicos de la prevención en la empresa que no estén incluidos en la composición a la que se refiere el párrafo anterior. En las mismas condiciones podrán participar trabajadores de la empresa que cuenten con una especial cualificación o información respecto de concretas cuestiones que se debatan en este órgano y técnicos en prevención ajenos a la empresa, siempre que así lo solicite alguna de las representaciones en el Comité.

Solución al test n.º 17

1. c) El artículo 40.

2. a) La probabilidad de que se produzca.

3. c) Derecho necesario mínimo indisponible.

4. c) Garantías.

5. b) Sociedades cooperativas en las que existan socios cuya actividad consista en la prestación de un trabajo personal.

6. a) Aquellos que, en ausencia de medidas preventivas específicas, originen riesgos para la seguridad y la salud de los trabajadores que los desarrollan o utilizan.

7. c) Cuando sea probable racionalmente que se materialice en un futuro inmediato una exposición a dichos agentes de la que puedan derivarse daños graves para la salud, aun cuando estos no se manifiesten de forma inmediata.

8. b) Accidente de trabajo.

9. c) Serán designados por y entre los representantes del personal.

10. b) Empresas de 2.001 a 3.000 trabajadores.

11. a) Empresas de hasta 30 trabajadores.

12. b) Dos delegados de prevención.

13. c) Ejercer una labor de vigilancia y control sobre el cumplimiento de la normativa de prevención de riesgos laborales.

14. c) Ser informados por el empresario sobre los daños producidos en la salud de los trabajadores una vez que aquel hubiese tenido conocimiento de ellos, pudiendo presentarse, aun fuera de su jornada laboral, en el lugar de los hechos para conocer las circunstancias de los mismos.

15. c) Proponer al órgano de representación de los trabajadores la adopción del acuerdo de paralización de actividades.

16. a) 15 días.

17. c) En las empresas de treinta y un trabajadores el Delegado de Prevención será el Delegado de Personal.

18. a) El empresario deberá proporcionar a los Delegados de Prevención los medios y la formación en materia preventiva que resulten necesarios para el ejercicio de sus funciones.

19. b) Diez.

20. c) 50 trabajadores.

Ordenanza de Atención a la Ciudadanía y Administración Electrónica: Título V. Registro electrónico general. Título IX. El archivo electrónico

1. De acuerdo con lo dispuesto en el artículo 5 de la Ley 40/2015, de 1 de octubre, de Régimen Jurídico del Sector Público (LRJSP), las oficinas de asistencia en materia de registros tienen naturaleza de:

a) Órgano administrativo.
b) Órgano consultivo.
c) Autoridad pública.

2. Conforme al artículo 16 de la LPACAP, es cierto que:

a) Los Organismos públicos vinculados o dependientes de cada Administración podrán disponer de su propio registro electrónico plenamente interoperable e interconectado con el Registro Electrónico General de la Administración de la que depende.
b) El Registro electrónico de cada Organismo funcionará como un portal que facilitará el acceso al Registro Electrónico General.
c) Los Organismos públicos vinculados o dependientes de cada Administración deberán disponer de su propio registro electrónico plenamente interoperable e interconectado con el Registro Electrónico General de la Administración de la que depende.

3. Los documentos e información presentados en el Registro Electrónico General:

a) Siempre se han de dar por presentados.
b) No se tendrán por presentados si para ellos la normativa establece otra forma de presentación.
c) Todos los documentos e información dirigidos a las Administraciones Públicas se deben presentar en el Registro Electrónico General.

4. La creación, modificación o supresión de las oficinas de asistencia en materia de registro del Ayuntamiento de Madrid:

a) Se efectuará mediante resolución del órgano competente que deberá publicarse en el "Boletín Oficial del Ayuntamiento de Madrid".
b) Se efectuará por ley de la Asamblea autonómica que deberá publicarse en el Boletín Oficial del Estado y en el Boletín Oficial de la Comunidad de Madrid.
c) Se efectuará mediante ordenanza pública que deberá publicarse en el Boletín Oficial de la Comunidad de Madrid.

5. Conforme al artículo 17.2 de la LPACAP, los documentos electrónicos deberán conservarse en un formato que permita garantizar la autenticidad, integridad y conservación del documento, así como su ……….. con independencia del tiempo transcurrido desde su emisión. Señala la palabra que falta:

a) Autoría.
b) Consulta.
c) Pertenencia.

6. Según el artículo 46.1 de la LRJSP, todos los documentos se almacenarán por medios electrónicos:

a) En todo caso.
b) Solo cuando contengan actos administrativos.
c) Salvo cuando no sea posible.

7. Tal como recoge el apartado V del Preámbulo de la Ley 39/2015, de 1 de octubre, del Procedimiento Administrativo Común de las Administraciones Públicas (LPACAP), las oficinas en materia de registros existentes hasta entonces pasarán a denominarse:

a) Oficinas de información.
b) Oficinas de asistencia en materia de registros.
c) Oficinas de atención al ciudadano.

8. A efectos de la Ordenanza de *Atención a la Ciudadanía y Administración Electrónica del Ayuntamiento de Madrid (OACAE)*, se entiende por atención a la ciudadanía:

a) Cualquier mecanismo, equipo, instalación o sistema de tratamiento o transmisión de la información que permita almacenar o tratar datos o informaciones susceptibles de ser incorporados a un soporte electrónico, o transmitir dichos datos o informaciones mediante redes de comunicaciones electrónicas, incluidas las redes de telecomunicaciones y las utilizadas para radiodifusión.
b) El conjunto de medios y canales que el Ayuntamiento de Madrid pone a disposición de las ciudadanas y los ciudadanos para el ejercicio de sus derechos, el cumplimiento de sus obligaciones y el acceso a los servicios públicos.

c) Aquella información que permite a las ciudadanas y a los ciudadanos acceder al conocimiento de sus derechos y obligaciones y a la utilización de los bienes y servicios públicos, al conocimiento del contenido de la actuación administrativa, así como, a los procedimientos administrativos y sus trámites, los requisitos y la documentación precisa para la presentación de solicitudes y comunicaciones.

9. Dentro del ámbito de aplicación subjetivo de la *Ordenanza de Atención a la Ciudadanía y Administración Electrónica del Ayuntamiento de Madrid* figura:

a) La realización de los trámites y procedimientos administrativos accesibles por vía electrónica.
b) Las relaciones con la ciudadanía que tengan carácter jurídico-administrativo.
c) Los organismos públicos y entidades de derecho público vinculadas o dependientes del Ayuntamiento de Madrid.

10. Conforme al artículo 37 de la OACAE, en el Registro Electrónico General se hará el correspondiente .... de todo documento que sea presentado o que se reciba en cualquier órgano administrativo del Ayuntamiento de Madrid y de los demás sujetos bajo el ámbito de aplicación de la citada Ordenanza. ¿Qué palabra falta en el texto?

a) Asiento.
b) Apunte.
c) Expediente.

11. Conforme al artículo 39.2 de la OACAE, la Sede Electrónica del Ayuntamiento de Madrid publicará y mantendrá actualizada en todo momento la relación de las oficinas de asistencia en materia de registro, su ...., así como el acceso a la relación de personas de la función pública habilitadas para la asistencia en el uso de los medios electrónicos a las personas físicas interesada. ¿Qué palabra falta en el texto?

a) Localización.
b) Horario.
c) Código de identificación.

12. Entre las funciones de las oficinas de asistencia en materia de registro, la OACAE señala la recepción y .... de las solicitudes, escritos y comunicaciones, así como de los documentos que las acompañen. ¿Qué palabra falta en el texto?

a) Archivo.
b) Digitalización.
c) Compulsa.

13. Cuando los plazos se señalen por horas:

a) Se entenderá siempre que estas son hábiles.
b) Los plazos se contarán de hora en hora y de minuto en minuto desde la hora y minuto en que tenga lugar la notificación o publicación del acto de que se trate.
c) Son hábiles las horas del día que formen parte de la jornada laboral de un día hábil.

14. Es una norma general de los plazos, según la LPACAP:

a) Cuando un día fuese hábil en el municipio o Comunidad Autónoma en que residiese el interesado, e inhábil en la sede del órgano administrativo, o a la inversa, se considerará inhábil en el primer caso pero no en el segundo.

b) Cuando el último día del plazo sea inhábil, se entenderá prorrogado al primer día hábil siguiente.

c) La declaración de un día como hábil o inhábil a efectos de cómputo de plazos determina por sí sola el funcionamiento de los centros de trabajo de las Administraciones Públicas, la organización del tiempo de trabajo y el régimen de jornada y horarios de las mismas.

15. Señala a partir de cuándo se computan los plazos fijados en meses o en años:

a) El mismo día de notificación o publicación del acto del que se trate.

b) El día siguiente a aquél en que tiene lugar la notificación o publicación del acto del que se trate.

c) El día que el interesado realice una acción que denote que tenía conocimiento del acto de que se trate.

En MADTEST tienes **más preguntas de este tema, algunas de ellas comentadas y argumentadas**, y todos tus avances quedan registrados y se reflejan en el ranking.

¡Supera tus límites con MADTEST!

A continuación te presentamos algunos ejemplos de preguntas comentadas:

16. En relación con la responsabilidad, el artículo 42 de la OACAE dispone que:

a) El Ayuntamiento de Madrid responderá del uso fraudulento que las usuarias y los usuarios del sistema puedan llevar a cabo de los servicios electrónicos prestados en general, y mediante el uso de los servicios del Registro Electrónico General, en particular.

b) Será responsabilidad del Ayuntamiento de Madrid la adecuada custodia y manejo de los ficheros que sean devueltos a los usuarios por el Registro Electrónico General como acuse de recibo.

c) El Ayuntamiento de Madrid responderá del funcionamiento anómalo del Registro Electrónico General en los términos previstos en la legislación básica de responsabilidad patrimonial.

Respuesta correcta: c) El Ayuntamiento de Madrid responderá del funcionamiento anómalo del Registro Electrónico General en los términos previstos en la legislación básica de responsabilidad patrimonial.

Según el artículo 42.3 de la Ordenanza de Atención a la Ciudadanía y Administración Electrónica, de 26 de febrero de 2019:

El Ayuntamiento de Madrid responderá del funcionamiento anómalo del Registro Electrónico General en los términos previstos en la legislación básica de responsabilidad patrimonial. No se derivarán consecuencias desfavorables para la ciudadanía respecto del cómputo de plazos, resultado de incidencias en el funcionamiento del Registro Electrónico General.

17. Según el artículo 68.1 de la OACAE, la constancia de documentos y actuaciones en todo archivo electrónico se deberá realizar de forma que se facilite el cumplimiento de las obligaciones de transparencia, debiendo permitir ofrecer a la ciudadanía información puntual, ágil y:

a) Actualizada.
b) Personalizada.
c) Segura.

Respuesta correcta: a) Actualizada.

Según el artículo 68.1 de la Ordenanza de Atención a la Ciudadanía y Administración Electrónica, de 26 de febrero de 2019:

La constancia de documentos y actuaciones en todo archivo electrónico se deberá realizar de forma que se facilite el cumplimiento de las obligaciones de transparencia, debiendo permitir ofrecer información puntual, ágil y actualizada a la ciudadanía.

18. Según el artículo 69 de la OACAE, es cierto que:

a) El archivo electrónico único resultará compatible con la continuidad del archivo intermedio, de acuerdo con la normativa estatal y autonómica correspondiente.
b) El establecimiento de archivos electrónicos, y en especial, del archivo electrónico único de documentos electrónicos correspondientes a procedimientos finalizados, resultará incompatible con los diversos sistemas y redes de archivos en los términos previstos en la legislación vigente, y simplificará el reparto de responsabilidades sobre la custodia o traspaso correspondiente.
c) La eliminación de documentos electrónicos deberá ser autorizada de acuerdo a lo dispuesto en la normativa aplicable.

Respuesta correcta: c) La eliminación de documentos electrónicos deberá ser autorizada de acuerdo a lo dispuesto en la normativa aplicable.

Según el artículo 69.3 de la Ordenanza de Atención a la Ciudadanía y Administración Electrónica, de 26 de febrero de 2019:

3. La eliminación de documentos electrónicos deberá ser autorizada de acuerdo a lo dispuesto en la normativa aplicable.

19. Conforme al artículo 17.3 de la LPACAP, los medios o soportes en que se almacenen documentos, deberán contar con medidas de seguridad, de acuerdo con lo previsto en el Esquema Nacional de Seguridad, que garanticen la integridad, autenticidad, confidencialidad, calidad, protección y:

a) Conservación de los documentos almacenados.
b) Consulta de los documentos almacenados.
c) Actualización de los documentos almacenados.

Respuesta correcta: a) Conservación de los documentos almacenados.

Según el artículo 17.3 de la Ley 39/2015, de 1 de octubre:

Los medios o soportes en que se almacenen documentos, deberán contar con medidas de seguridad, de acuerdo con lo previsto en el Esquema Nacional de Seguridad, que garanticen la integridad, autenticidad, confidencialidad, calidad, protección y conservación de los documentos almacenados. En particular, asegurarán la identificación de los usuarios y el control de accesos, así como el cumplimiento de las garantías previstas en la legislación de protección de datos.

20. El artículo 59.1 de la Ley 16/1985, de 25 de junio, del Patrimonio Histórico Español, define como "los conjuntos orgánicos de documentos, o la reunión de varios de ellos, reunidos por las personas jurídicas, públicas o privadas, en el ejercicio de sus actividades, al servicio de su utilización para la investigación, la cultura, la información y la gestión administrativa" a:

a) Los registros.
b) Los expedientes.
c) Los archivos.

Respuesta correcta: c) Los archivos.

Según el artículo 59.1 de la Ley 16/1985, de 25 de junio, del Patrimonio Histórico Español:

Son Archivos los conjuntos orgánicos de documentos, o la reunión de varios de ellos, reunidos por las personas jurídicas públicas o privadas, en el ejercicio de sus actividades, al servicio de su utilización para la investigación, la cultura, la información y la gestión administrativa. Asimismo, se entienden por Archivos las instituciones culturales donde se reúnen, conservan, ordenan y difunden para los fines anteriormente mencionados dichos conjuntos orgánicos

Solución al test n.º 18

1. a) Órgano administrativo.

2. a) Los Organismos públicos vinculados o dependientes de cada Administración podrán disponer de su propio registro electrónico plenamente interoperable e interconectado con el Registro Electrónico General de la Administración de la que depende.

3. b) No se tendrán por presentados si para ellos la normativa establece otra forma de presentación.

4. a) Se efectuará mediante resolución del órgano competente que deberá publicarse en el "Boletín Oficial del Ayuntamiento de Madrid".

5. b) Consulta.

6. c) Salvo cuando no sea posible.

7. b) Oficinas de asistencia en materia de registros.

8. b) El conjunto de medios y canales que el Ayuntamiento de Madrid pone a disposición de las ciudadanas y los ciudadanos para el ejercicio de sus derechos, el cumplimiento de sus obligaciones y el acceso a los servicios públicos.

9. c) Los organismos públicos y entidades de derecho público vinculadas o dependientes del Ayuntamiento de Madrid.

10. a) Asiento.

11. b) Horario.

12. b) Digitalización.

13. b) Los plazos se contarán de hora en hora y de minuto en minuto desde la hora y minuto en que tenga lugar la notificación o publicación del acto de que se trate.

14. b) Cuando el último día del plazo sea inhábil, se entenderá prorrogado al primer día hábil siguiente.

15. b) El día siguiente a aquel en que tiene lugar la notificación o publicación del acto del que se trate.

16. c) El Ayuntamiento de Madrid responderá del funcionamiento anómalo del Registro Electrónico General en los términos previstos en la legislación básica de responsabilidad patrimonial.

17. a) Actualizada.

18. c) La eliminación de documentos electrónicos deberá ser autorizada de acuerdo a lo dispuesto en la normativa aplicable.

19. a) Conservación de los documentos almacenados.

20. c) Los archivos.

Ordenanza de Atención a la Ciudadanía y Administración Electrónica: Título II. Atención a la ciudadanía. El Código de Buenas Prácticas Administrativas del Ayuntamiento de Madrid: Principios generales. Ordenanza de Transparencia de la Ciudad de Madrid: Ámbito de aplicación y principios generales

1. A efectos de la Ordenanza de Atención a la Ciudadanía y Administración Electrónica del Ayuntamiento de Madrid, se entiende por *atención a la ciudadanía* el conjunto de medios y .... que el Ayuntamiento de Madrid pone a disposición de las ciudadanas y los ciudadanos para el ejercicio de sus derechos, el cumplimiento de sus obligaciones y el acceso a los servicios públicos. Señala qué palabra falta en el texto:

a) Recursos.
b) Portales.
c) Canales.

2. ¿En virtud de qué principio la Ordenanza de Atención a la Ciudadanía y Administración Electrónica del Ayuntamiento de Madrid garantiza el acceso a la información cuyo conocimiento sea relevante para la ciudadanía?

a) Principio de usabilidad y accesibilidad.
b) Principio de difusión de la información administrativa.
c) Principio de exactitud de la información que se publique.

3. Según la Ordenanza de Atención a la Ciudadanía y Administración Electrónica, el Ayuntamiento de Madrid garantiza la comunicación de forma fácil, directa, transparente, simple y eficaz de la información relevante para la ciudadanía, en virtud del principio de:

a) Comunicación clara.
b) Comunicación personalizada.
c) Comunicación abierta.

4. En virtud del principio de exactitud de la información que se publique, se garantiza que:

a) En el acceso a la información de forma electrónica, se obtendrán documentos con el contenido idéntico, veraz, exacto y fiel al equivalente en soporte papel o en el soporte en que se haya emitido el documento original.

b) La disponibilidad de la información en forma electrónica impedirá la atención personalizada en las oficinas públicas.

c) En las publicaciones electrónicas constarán las fechas de actualización.

5. Conforme al artículo 10 de la Ordenanza de Atención a la Ciudadanía y Administración Electrónica del Ayuntamiento de Madrid, la atención a la ciudadanía tiene como uno de sus fines principales:

a) Acercar el Ayuntamiento a la ciudadanía, con una relación fácil y cercana, así como, prestar una atención integral; siempre que se utilice el canal electrónico.

b) Ofrecer una atención generalizada a la ciudadanía, para que puedan obtener información, datos y realizar gestiones y trámites administrativos.

c) Garantizar la veracidad de la información mediante el mantenimiento, actualización y validación por los órganos administrativos competentes.

6. Conforme al artículo 11 de la Ordenanza de Atención a la Ciudadanía y Administración Electrónica del Ayuntamiento de Madrid, uno de los canales a través de los que se prestará atención a la ciudadanía es:

a) El servicio telefónico 112.

b) El portal institucional del ayuntamiento "aytomadrid.com".

c) Las oficinas de atención a la ciudadanía Línea Madrid.

7. ¿Qué información es la que se refiere a los contenidos o documentos, cualquiera que sea su formato o soporte, que obren en poder de alguno de los sujetos enumerados en los artículos 2 y 3.2 de la Ordenanza de Transparencia, que hayan sido elaborados o adquiridos en el ejercicio de sus funciones, sin importar la fecha en que se haya generado la información?

a) Información pública.

b) Información general.

c) Información administrativa.

8. La información general se facilitará obligatoriamente a los ciudadanos:

a) Que acrediten un interés legítimo en la materia.

b) Sin exigir para ello la acreditación de legitimación alguna.

c) Que tengan la condición de interesados en cada procedimiento o a sus representantes legales.

9. La información general relativa al Ayuntamiento de Madrid y de los servicios que presta, objeto de la Ordenanza de Atención a la Ciudadanía y Administración Electrónica del Ayuntamiento de Madrid, se denomina:

a) Información pública.
b) Información administrativa.
c) Información particular.

10. Las informaciones y orientaciones que suministre el sistema de atención a la ciudadanía:

a) Serán claras y comprensibles, concretas, íntegras y adecuadas a la información solicitada.
b) Podrá invocarse a los efectos de la interrupción o suspensión de plazos, caducidad o prescripción, sirviendo de instrumento formal de notificación.
c) Podrán originar derechos o expectativas de derecho a favor de las personas solicitantes o de terceras personas.

11. Constituye/n el canal presencial de atención ciudadana:

a) El servicio telefónico que se canaliza a través del 010.
b) Línea Madrid.
c) Las Oficinas de Atención a la Ciudadanía.

12. La prestación del servicio telefónico 010 se realizará salvaguardando los principios de autenticidad, confidencialidad, integridad, disponibilidad y:

a) Usabilidad.
b) Accesibilidad.
c) Conservación de la información.

13. Según el artículo 8 del Código de Buenas Prácticas Administrativas del Ayuntamiento de Madrid, ¿cuál de las siguientes afirmaciones sobre la Atención al Ciudadano en el Ayuntamiento de Madrid es correcta?

a) Es un servicio básico que garantiza el Ayuntamiento y tiene como finalidad mejorar y facilitar a la ciudadanía el ejercicio de sus derechos, el cumplimiento de sus obligaciones y el acceso a los servicios públicos.
b) Los ciudadanos podrán solicitar información general a través de cualquiera de los canales de atención al ciudadano, que deberá ser resuelta en un plazo no superior a 24 horas.
c) Las solicitudes de información particular deberán ser siempre resueltas en un plazo de 24 horas.

14. El vigente Código de Buenas Prácticas Administrativas del Ayuntamiento de Madrid tiene, respecto de toda la actividad municipal, una naturaleza:

a) Inspectora.
b) Orientadora.
c) Sancionadora.

15. La buena práctica ha de cumplir, entre otros, el siguiente requisito:

a) Provenir del uso continuado y la costumbre del ejercicio de las tareas por el personal.
b) Ser sostenible en el tiempo, manteniendo y produciendo efectos y resultados duraderos.
c) Ser irreplicable e intransferible a servicios públicos distintos de aquel en el que se generó.

En MADTEST tienes **más preguntas de este tema, algunas de ellas comentadas y argumentadas**, y todos tus avances quedan registrados y se reflejan en el ranking.

¡Supera tus límites con MADTEST!

A continuación te presentamos algunos ejemplos de preguntas comentadas:

16. La denominación de cada buena práctica:

a) Evitará toda referencia a normas o disposiciones.
b) Hará referencia a fechas, periodos, años o números de convocatorias.
c) Contendrá siglas y/o abreviaturas.

Respuesta correcta: a) Evitará toda referencia a normas o disposiciones.

La denominación de cada buena práctica:

1º. Evitará toda referencia a normas, disposiciones, fechas, periodos, años o números de convocatorias.

2º. Evitará siglas o abreviaturas.

17. ¿Cuál de las siguientes es una categoría de buenas prácticas sobre liderazgo y estrategia?

a) Valores éticos.
b) Intercambio y transferencia de conocimiento.
c) Big data.

Respuesta correcta: a) Valores éticos.

Las buenas prácticas sobre liderazgo y estrategia se clasifican en las siguientes categorías:

a) Valores éticos.

b) Planificación y estrategias.

c) Modelos de excelencia.

18. Las buenas prácticas sobre tecnología promoverán:

a) La promoción del uso responsable de la energía.
b) El uso responsable de la inteligencia artificial.
c) La disponibilidad y reutilización de datos.

Respuesta correcta: b) El uso responsable de la inteligencia artificial.

Las buenas prácticas sobre tecnología promoverán:

a) La innovación tecnológica y la transformación digital de los servicios públicos.

b) La seguridad del entorno digital municipal y la protección de los datos de carácter personal.

c) La accesibilidad de los servicios digitales y la capacitación de sus usuarios.

d) El uso responsable de la inteligencia artificial.

19. Una de las categorías en que se clasifican las buenas prácticas sobre gobernanza, Administración y normativa, es:

a) Intercambio y transferencia de conocimiento.
b) Participación en redes.
c) Comunicación y canales.

Respuesta correcta: b) Participación en redes.

Las buenas prácticas sobre gobernanza promoverán:

a) La participación en redes nacionales e internacionales.

b) La proyección internacional de la ciudad.

c) La participación ciudadana en las políticas públicas.

d) La búsqueda de sinergias con organizaciones públicas y privadas.

20. Según la Ordenanza de Transparencia de la Ciudad de Madrid, la información pública se publicará con un lenguaje claro y sencillo para facilitar su comprensión por las personas, en virtud del principio de:

a) Simplicidad.
b) Transparencia.
c) Facilidad de acceso.

Respuesta correcta: a) Simplicidad.

En la interpretación y aplicación de la Ordenanza de Transparencia regirán los siguientes principios básicos, como el de simplicidad, conforme al que la información se publicará con un lenguaje claro y sencillo para facilitar su comprensión por las personas.

Solución al test n.º 19

1. c) Canales.

2. b) Principio de difusión de la información administrativa.

3. a) Comunicación clara.

4. a) En el acceso a la información de forma electrónica, se obtendrán documentos con el contenido idéntico, veraz, exacto y fiel al equivalente en soporte papel o en el soporte en que se haya emitido el documento original.

5. c) Garantizar la veracidad de la información mediante el mantenimiento, actualización y validación por los órganos administrativos competentes.

6. c) Las oficinas de atención a la ciudadanía Línea Madrid.

7. a) Información pública.

8. b) Sin exigir para ello la acreditación de legitimación alguna.

9. b) Información administrativa.

10. a) Serán claras y comprensibles, concretas, íntegras y adecuadas a la información solicitada.

11. c) Las Oficinas de Atención a la Ciudadanía.

12. c) Conservación de la información.

13. a) Es un servicio básico que garantiza el Ayuntamiento y tiene como finalidad mejorar y facilitar a la ciudadanía el ejercicio de sus derechos, el cumplimiento de sus obligaciones y el acceso a los servicios públicos.

14. b) Orientadora.

15. b) Ser sostenible en el tiempo, manteniendo y produciendo efectos y resultados duraderos.

16. a) Evitará toda referencia a normas o disposiciones.

17. a) Valores éticos.

18. b) El uso responsable de la inteligencia artificial.

19. b) Participación en redes.

20. a) Simplicidad.

TEST N.º 20

Ordenanza de Atención a la Ciudadanía y Administración Electrónica: Título III. Sugerencias, reclamaciones y felicitaciones

1. Según el Título III de la Ordenanza de Atención a la Ciudadanía y Administración Electrónica (OACAE), la propuesta para la creación, ampliación o mejora de los servicios prestados por el Ayuntamiento de Madrid se define como:

a) Reclamación.
b) Felicitación.
c) Sugerencia.

2. Indica la respuesta incorrecta. En cuanto a las sugerencias, reclamaciones y felicitaciones sobre los servicios prestados por el Ayuntamiento de Madrid:

a)Todas las personas físicas y jurídicas tienen derecho a presentarlas.
b) Estarán sujetas al procedimiento administrativo común.
c) No tendrán en ningún caso la calificación de solicitud en ejercicio de un derecho subjetivo ni de recurso administrativo, ni de reclamación patrimonial, ni su presentación o interposición paralizará los plazos establecidos en la normativa vigente.

3. Las sugerencias, reclamaciones y felicitaciones relativas a cualquier servicio municipal, excepto aquellas que tengan carácter tributario se denominan:

a) De carácter indirecto.
b) De carácter municipal.
c) De carácter general.

4. El reconocimiento realizado por la ciudadanía sobre el buen funcionamiento de algún servicio concreto del Ayuntamiento o el trato y atención recibida por las personas que trabajan en él, a título individual o de un colectivo concreto, se llama:

a) Felicitación.
b) Sugerencia.
c) Incidencia.

5. Las sugerencias, reclamaciones y felicitaciones sobre los servicios prestados por el Ayuntamiento de Madrid:

a) Contendrán los datos que permitan la comunicación con las personas que las hayan presentado, así como el objeto de la sugerencia, reclamación o felicitación.

b) Condicionan el ejercicio de las restantes acciones o derechos que, de conformidad con la normativa reguladora de cada procedimiento, puedan ejercitar los que figuren en él como personas interesadas.

c) Tendrán la calificación de solicitud en ejercicio de un derecho subjetivo, de recurso administrativo y/o reclamación patrimonial.

6. Las personas que presenten una sugerencia o reclamación:

a) Adquirirán la condición legal de persona interesada y dará lugar a la apertura de la vía de recursos.

b) En ningún caso adquirirán la condición legal de persona interesada en el procedimiento al que aluda.

c) Solo adquirirán la condición legal de persona interesada cuando el Ayuntamiento así lo permita.

7. Por la propia naturaleza de la sugerencia o reclamación:

a) Contra su respuesta no cabrá recurso alguno.

b) Se condiciona el ejercicio de las restantes acciones o derechos.

c) Estas tendrán la calificación de solicitud en ejercicio de un derecho subjetivo.

8. Indica la respuesta incorrecta. Una sugerencia, reclamación o felicitación se entenderá terminada cuando sea:

a) Contestada.

b) Desestimada.

c) Admitida.

9. Una sugerencia o reclamación se entenderá desistida cuando:

a) La persona que haya presentado la sugerencia o reclamación así lo decida mediante comunicación por cualquiera de los medios habilitados por el Ayuntamiento de Madrid para su presentación.

b) La sugerencia o reclamación sea contestada.

c) La sugerencia o reclamación sea acumulada a reclamaciones o sugerencias para su tramitación conjunta.

10. El plazo de contestación de todas las reclamaciones, sugerencias o felicitaciones no podrá ser superior, en ningún caso, a:

a) Un mes.

b) Dos meses.

c) Tres meses.

11. Conforme al artículo 29 de la OACAE, se podrán inadmitir las sugerencias y reclamaciones en los siguientes casos, entre otros. Señala el que no corresponda:

a) Las que tengan carácter de recursos administrativos.
b) Las que tengan por objeto reclamar responsabilidad patrimonial al Ayuntamiento.
c) Las que tengan por objeto actividades o servicios que sean de competencia municipal.

12. Serán inadmitidas las sugerencias y reclamaciones que:

a) Deriven de cuestiones de carácter público y general.
b) Se advierta manifiestamente mala fe.
c) Siendo acumuladas para su tramitación conjunta y presentadas por distintas personas, coincidan en los sustancial con los hechos o circunstancias puestos de manifiesto.

13. Cuando se omitan datos esenciales para la tramitación de las sugerencias y reclamaciones, no subsanables mediante la información obrante en los servicios municipales, aquellas podrán ser:

a) Desistidas.
b) Acumuladas a otras anteriores.
c) Inadmitidas.

14. Cuando en una misma comunicación se formulen varias reclamaciones, sugerencias o felicitaciones, la persona que haya presentado el escrito recibirá:

a) Una respuesta conjunta de todas las que estuvieran incluidas en el escrito.
b) Respuesta individualizada por cada una de ellas que estuvieran incluidas en el escrito.
c) Una notificación general.

15. ¿Quién supervisa la actividad de la Administración Municipal, sobre las quejas presentadas y las deficiencias observadas en el funcionamiento de los servicios municipales, especialmente aquellas sugerencias o recomendaciones que no han sido admitidas?

a) El Alcalde del Ayuntamiento.
b) El Pleno de la Administración Municipal.
c) La Comisión Especial de Sugerencias y Reclamaciones.

En MADTEST tienes **más preguntas de este tema, algunas de ellas comentadas y argumentadas,** y todos tus avances quedan registrados y se reflejan en el ranking.

¡Supera tus límites con MADTEST!

A continuación te presentamos algunos ejemplos de preguntas comentadas:

16. Por resolución del Presidente del Pleno de 30 de junio de 2023, la Comisión Especial de Sugerencias y Reclamaciones está constituida por:

a) Cuatro concejales.
b) Quince concejales.
c) Once concejales.

Respuesta correcta: c) Once concejales.

Actualmente, por Resolución de la Presidencia del Pleno, de 30 de junio de 2023, por la que se nombra a los miembros de la Comisión Especial de Sugerencias y Reclamaciones, la Comisión Especial de Sugerencias y Reclamaciones está constituida por 11 concejales.

17. El equipo de Gobierno remitirá .... a los grupos municipales representados en la comisión, la información correspondiente a las Sugerencias y Reclamaciones recibidas y tramitadas:

a) Semestralmente.
b) Anualmente.
c) Bimestralmente.

Respuesta correcta: c) Bimestralmente.

El punto quinto del Acuerdo de creación de la Comisión Especial de Sugerencias y Reclamaciones (Pleno del Ayuntamiento de 17 de junio de 2011) dispone que:

"Periodicidad. La Comisión Especial de Sugerencias y Reclamaciones celebrará sesión ordinaria semestralmente a los efectos de que comparezcan el Director General de Calidad y Atención al Ciudadano y el Director de la Oficina del Defensor del Contribuyente. No obstante, el equipo de Gobierno remitirá bimestralmente a los grupos municipales representados en la comisión, la información correspondiente a las Sugerencias y Reclamaciones recibidas y tramitadas. En la reunión que se celebre dentro del primer semestre natural del año se someterá a aprobación el informe anual previsto en el artículo 136.2 del Reglamento Orgánico del Pleno".

18. Las competencias del Director General de Calidad y Atención al Ciudadano y del Director de la Oficina del Defensor del Contribuyente en este momento son ejercidas por:

a) El Director General de Transparencia y Calidad.
b) El Pleno de la Administración Municipal.
c) La Comisión Especial de Sugerencias y Reclamaciones.

Respuesta correcta: a) El Director General de Transparencia y Calidad.

Según el Acuerdo de la Junta de Gobierno de Organización y Competencias de la Vicealcaldía de 29 de junio de 2023: las competencias del DG Calidad y Atención al Ciudadano y del Director de la Oficina del Defensor del Contribuyente en este momento son ejercidas por el DG de Transparencia y Calidad.

19. Indica la respuesta incorrecta. Los escritos de respuesta a las sugerencias, reclamaciones y felicitaciones se ajustarán a los siguientes criterios, entre otros:

a) La respuesta se ajustará al plazo exacto de dos meses.
b) La respuesta debe ser personalizada.
c) La respuesta debe ajustarse a todo el contenido planteado, con referencia a los informes recabados en su caso.

Respuesta correcta: a) La respuesta se ajustará al plazo exacto de dos meses.

Los escritos de respuesta a las sugerencias, reclamaciones y felicitaciones se ajustarán a una serie de criterios, entre los que se encuentra el de que la respuesta lo más rápida posible, sin necesidad de agotar el plazo de dos meses.

20. Uno de los criterios de calidad para la elaboración de respuestas a las sugerencias, reclamaciones y felicitaciones será:

a) Responder en el plazo de tres meses.
b) Contestar con un lenguaje técnico propio del asunto que se esgrime.
c) Pedir disculpas por las molestias que han podido causarse a la persona al plantear su reclamación o sugerencia.

Respuesta correcta: c) Pedir disculpas por las molestias que han podido causarse a la persona al plantear su reclamación o sugerencia.

Los escritos de respuesta a las sugerencias, reclamaciones y felicitaciones se ajustarán a una serie de criterios, entre los que se encuentra el de pedir disculpas por las molestias que han podido causarse a la persona al plantear su reclamación o sugerencia y agradecimiento por la oportunidad de mejora que las mismas brindan en su caso.

Solución al test n.º 20

1. c) Sugerencia.

2. b) Estarán sujetas al procedimiento administrativo común.

3. c) De carácter general.

4. a) Felicitación.

5. a) Contendrán los datos que permitan la comunicación con las personas que las hayan presentado, así como el objeto de la sugerencia, reclamación o felicitación.

6. b) En ningún caso adquirirán la condición legal de persona interesada en el procedimiento al que aluda.

7. a) Contra su respuesta no cabrá recurso alguno.

8. c) Admitida.

9. a) La persona que haya presentado la sugerencia o reclamación así lo decida mediante comunicación por cualquiera de los medios habilitados por el Ayuntamiento de Madrid para su presentación.

10. b) Dos meses.

11. c) Las que tengan por objeto actividades o servicios que sean de competencia municipal.

12. b) Se advierta manifiestamente mala fe.

13. c) Inadmitidas.

14. b) Respuesta individualizada por cada una de ellas que estuvieran incluidas en el escrito.

15. c) La Comisión Especial de Sugerencias y Reclamaciones.

16. c) Once concejales.

17. c) Bimestralmente.

18. a) El Director General de Transparencia y Calidad.

19. a) La respuesta se ajustará al plazo exacto de dos meses.

20. c) Pedir disculpas por las molestias que han podido causarse a la persona al plantear su reclamación o sugerencia.

Ofimática (I): Programa de tratamiento de textos "Microsoft Office 365: Word"

1. ¿Desde qué pestaña de la cinta de opciones de Word podremos comparar dos versiones de un documento?

a) Inicio.
b) Referencias.
c) Revisar.

2. ¿Cuál de las siguientes relaciones entre opción y grupo no es correcta?

a) Interlineado y Párrafo.
b) Espaciado y (Párrafo +Fuente).
c) Hipervínculo (Referencias).

3. La alineación es un comando de Word 365 que afecta a:

a) La selección de texto.
b) El interlineado del texto.
c) Los párrafos.

4. ¿En qué ficha y grupo está la opción para utilizar las tabulaciones?

a) Insertar / Tabulaciones.
b) Inicio / Párrafo/ botón cuadro dialogo Párrafo.
c) Inicio / formato / Tabulaciones.

5. En Word, ¿cuál es la diferencia entre pulsar INTRO y pulsar las teclas Mayúsculas + Intro ?

a) Intro indica párrafo nuevo, y Mayúsculas + Intro indica salto de línea.
b) Intro indica párrafo nuevo, y Mayúsculas + Intro indica salto de sección.
c) Intro indica salto de línea nuevo, y Mayúsculas + Intro indica salto de sección.

6. El botón Borrar Formato en Word:

a) Borra todo el Formato de la selección.
b) Deja el texto sin formato y lo elimina.
c) Funciona haciendo doble clic.

7. Los sangrados en Word:

a) Definen el límite izquierdo de los párrafos de un documento, pero no el derecho.
b) Definen el límite derecho de los párrafos de un documento, pero no el izquierdo.
c) Definen el límite izquierdo y el límite derecho de los párrafos de un documento.

8. La carta modelo en un proceso de combinar correspondencia de Word:

a) Tendrá la tabla de datos para combinar.
b) No tendrá los campos de combinación.
c) Incluirá el texto que no varía.

9. El método más rápido para acceder a las opciones de la cinta de opciones de Word 365 es hacer un clic con el ratón sobre ellas; si queremos acceder a las distintas opciones de los paneles y menús a partir del teclado, podemos pulsar la tecla:

a) Shift.
b) Ctrl.
c) Alt.

10. La combinación de teclas para la alineación centrada es:

a) Ctrl + T.
b) Ctrl + Q.
c) Ctrl + J.

11. El interlineado se puede definir como:

a) El espacio que hay entre los párrafos de un documento.
b) El espacio que hay entre los caracteres de un párrafo.
c) El espacio que hay entre una y otra línea de un mismo párrafo.

12. ¿En qué menú de Word 365 se encuentra la opción Marcas de Agua?

a) Insertar.
b) Diseño.
c) Disposición.

13. ¿Qué combinación de teclas divide la ventana de un documento?

a) Alt + Ctrl + R.
b) Alt + Ctrl + V.
c) Alt + Ctrl + I.

14. La sangría francesa:

a) Controla el límite izquierdo de todas las líneas del párrafo menos la segunda.
b) Controla el límite izquierdo de todas las líneas del párrafo menos la última.
c) Controla el límite izquierdo de todas las líneas del párrafo menos la primera.

15. Para disminuir un nivel en una lista Multinivel de Word 365 pulsamos:

a) Mayúsculas + Control.
b) Mayúsculas + Ins.
c) Tab.

En MADTEST tienes **más preguntas de este tema, algunas de ellas comentadas y argumentadas**, y todos tus avances quedan registrados y se reflejan en el ranking.

¡Supera tus límites con MADTEST!

A continuación te presentamos algunos ejemplos de preguntas comentadas:

16. ¿Cuál es el valor máximo del porcentaje de escala del espaciado de caracteres?

a) 400.
b) 600.
c) 200.

Respuesta correcta: c) 200.

En Microsoft Word 365, el ajuste de la escala del espaciado de caracteres (también conocido como espaciado de escala o *tracking*) permite ampliar o reducir el espacio entre los caracteres de un texto. El valor máximo del porcentaje de escala que se puede establecer en Word es 200 %.

17. ¿Cuál es la definición de tabulación de barra?

a) Alinea el texto tabulado del lado derecho.
b) Alinea los números decimales.
c) Dibuja una línea vertical en el documento.

Respuesta correcta: c) Dibuja una línea vertical en el documento.

La tabulación de barra en Microsoft Word es una función que permite dibujar una línea vertical en la posición de tabulación especificada. Se utiliza a menudo para crear separaciones visuales entre columnas de texto o datos en un documento.

18. ¿Qué combinación de teclas inserta una nota al pie de página?

a) Ctrl + Alt + O
b) Ctrl + Alt + D
c) Ctrl + Alt + S

Respuesta correcta: a) Ctrl + Alt + O

En Microsoft Word 365, la combinación de teclas Ctrl + Alt + O se utiliza para insertar una nota a pie de página. Esta función es útil para agregar referencias, comentarios o notas adicionales en la parte inferior de la página, manteniendo el texto principal despejado y organizado.

19. Un estilo de Word 365 puede ser:

a) De párrafo, carácter, imagen y tabla.
b) De párrafo, carácter, imagen y lista.
c) De párrafo, carácter, lista y tabla.

Respuesta correcta: c) De párrafo, carácter, lista y tabla.

En Microsoft Word 365, los estilos son conjuntos de formatos que se pueden aplicar rápidamente a diferentes elementos de un documento. Los estilos pueden aplicarse a:

- Párrafos: afectan a todo el párrafo, incluyendo alineación, sangría, espacio entre líneas….

- Caracteres: afectan solo a la apariencia del texto, como la fuente, el tamaño, el color, la negrita y la cursiva.

- Listas: afectan a la apariencia de listas numeradas o con viñetas, incluyendo el formato de los números o viñetas y la sangría de las listas.

- Tablas: afectan a la apariencia de las tablas, incluyendo bordes, sombreado y formato de texto dentro de las tablas.

20. La biblioteca de viñetas es:

a) El conjunto de viñetas usadas en el documento actual.
b) El conjunto de viñetas disponibles para usar.
c) El conjunto de viñetas de tipo párrafo.

Respuesta correcta: b) El conjunto de viñetas disponibles para usar.

En Microsoft Word 365, la biblioteca de viñetas se refiere al conjunto de viñetas que están disponibles para utilizarse en el documento. Esta biblioteca incluye una variedad de estilos de viñetas predefinidas que los usuarios pueden seleccionar para aplicar en sus documentos. La biblioteca de viñetas no se limita a las viñetas ya usadas en el documento actual, ni se refiere específicamente a tipos de viñetas basados en *true type* o solo a las de tipo párrafo. La biblioteca de viñetas permite definir viñetas nuevas.

Solución al test n.º 21

1. c) Revisar.

2. c) Hipervínculo (Referencias).

3. c) Los párrafos.

4. b) Inicio / Párrafo/ botón cuadro dialogo Párrafo.

5. a) Intro indica párrafo nuevo, y Mayúsculas + Intro indica salto de línea.

6. a) Borra todo el Formato de la selección.

7. c) Definen el límite izquierdo y el límite derecho de los párrafos de un documento.

8. c) Incluirá el texto que no varía.

9. c) Alt.

10. a) Ctrl + T.

11. c) El espacio que hay entre una y otra línea de un mismo párrafo.

12. b) Diseño.

13. b) Alt + Ctrl + V.

14. c) Controla el límite izquierdo de todas las líneas del párrafo menos la primera.

15. c) Tab.

16. c) 200.

17. c) Dibuja una línea vertical en el documento.

18. a) Ctrl + Alt + O

19. c) De párrafo, carácter, lista y tabla.

20. b) El conjunto de viñetas disponibles para usar.

Ofimática (II): Programa de hoja de cálculo "Microsoft Office 365: Excel"

1. Si queremos eliminar un comentario que tiene una celda de Excel 365, ¿a qué ficha tenemos que acceder?

a) Revisar.
b) Comentarios.
c) Datos.

2. Las constantes de Excel 365 pueden ser valores:

a) Numéricos y de tipo texto.
b) Horas y Fechas.
c) Numéricos, de texto, horas y fechas.

3. Si en una celda aparecen símbolos de sostenido (#####):

a) Está en notación científica negativa.
b) Es un valor de texto incorrecto.
c) El valor no cabe en la anchura de la celda.

4. De manera predeterminada, Excel 365:

a) Muestra 1 hoja de cálculo.
b) Muestra 5 hojas de cálculo.
c) Es un valor configurable.

5. La opción de ocultar Hoja de Excel 365 podemos encontrarla en:

a) El botón de lista *Insertar*.
b) El botón de lista *Hoja*.
c) El botón de lista *Formato*.

6. La etiqueta de la hoja de cálculo se colorea totalmente cuando:

a) Estás en una hoja distinta.
b) Estás en la propia hoja.
c) Siempre está coloreada.

7. En la ficha Página, en el grupo *Configurar Página*, podemos:

a) Definir los márgenes de la hoja.
b) Definir los saltos de página.
c) Definir la orientación.

8. La escala de ajuste de la hoja de cálculo, tiene un valor máximo de:

a) 100 %.
b) 400 %.
c) 250 %.

9. Un encabezado en Excel 365 es la parte de la Hoja que está:

a) Entre el borde inferior y el margen superior.
b) Entre el borde inferior y el margen inferior.
c) Entre el borde superior y el margen superior.

10. El código *#N/A* es:

a) Error de acceso a la celda.
b) Fórmula matricial.
c) Error de celda.

11. Las funciones de Excel 365 son:

a) Fórmulas predefinidas.
b) Cálculos predefinidos.
c) Argumentos predefinidos.

12. La función =SUMA(A1 ; A8 ; A10)

a) Suma todas las celdas desde la A1 a la A8 y además la A10.
b) Suma todas las celdas desde la A1 a la A8 y el resultado lo coloca en la A10.
c) Suma las celdas A1, A8 y la A10.

13. La función =SUMA(A1 ; 3 ; A8)

a) Suma 3 veces la celda A1 y la A8.
b) Suma la celda A1 y 3 veces la celda A8.
c) Suma la celda A1, una constante de 3 y la celda A8.

14. La función RESIDUO:

a) Calcula el interés residual de un préstamo.
b) Devuelve el resto de una división.
c) Calcula la parte entera de una división.

15. La función" =REDONDEAR (B3 ; -2)", teniendo en B3 el valor "14,14":

a) Redondea el valor B3 al valor más cercano a "-2".
b) Redondea el valor B3 y le resta "2".
c) Devuelve como resultado 0.

En MADTEST tienes **más preguntas de este tema, algunas de ellas comentadas y argumentadas**, y todos tus avances quedan registrados y se reflejan en el ranking.

¡Supera tus límites con MADTEST!

A continuación te presentamos algunos ejemplos de preguntas comentadas:

16. Un gráfico en Excel 365 puede llegar a tener:

a) Eje X.
b) Eje X, Eje Y.
c) Eje X, Eje Y, Eje Z.

Respuesta correcta: c) Eje X, Eje Y, Eje Z.

Los gráficos tridimensionales en Excel 365 pueden tener hasta tres ejes: el eje X (categorías), el eje Y (valores) y el eje Z (valores en gráficos tridimensionales). Estos ejes permiten representar datos en tres dimensiones, proporcionando una visualización más compleja y detallada de la información.

17. El eje de valores de un gráfico en columnas:

a) Puede ser el eje vertical.
b) Puede ser el eje horizontal.
c) Puede ser el eje vertical u horizontal.

Respuesta correcta: c) Puede ser el eje vertical u horizontal.

En un gráfico de columnas en Excel 365, el eje de valores puede ser tanto el eje vertical como el horizontal, dependiendo de cómo se configure el gráfico. El eje de valores muestra las cantidades asociadas a las categorías representadas en el gráfico, permitiendo una comparación visual clara de los datos.

18. Si en los rótulos de la lista aparecen botones de lista desplegable es porque:

a) Se ha realizado una ordenación personalizada.
b) Se ha realizado un Filtrado.
c) Se ha realizado un Subtotal.

Respuesta correcta: b) Se ha realizado un Filtrado.

Los botones de lista desplegable en los rótulos de una lista en Excel 365 indican que se ha aplicado un filtro. Estos botones permiten al usuario seleccionar y mostrar únicamente los datos que cumplen con ciertos criterios, facilitando el análisis de grandes conjuntos de datos.

19. Los datos de una lista de una hoja de cálculo se ordenan:

a) Alfabéticamente.
b) Personalizadamente.
c) Puede ser Alfabéticamente o Personalizadamente.

Respuesta correcta: c) Puede ser Alfabéticamente o Personalizadamente.

En Excel 365, los datos de una lista pueden ordenarse tanto alfabéticamente como de manera personalizada. Esta flexibilidad permite organizar los datos de acuerdo con diferentes criterios, lo cual es esencial para analizar y presentar la información de manera eficaz.

20. El área de trazado de un gráfico:

a) Es el área total ocupada por el gráfico.
b) Es el área que ocupa la representación de las series de datos.
c) Es el área que ocupan el título y la leyenda del gráfico.

Respuesta correcta: b) Es el área que ocupa la representación de las series de datos.

En Excel 365, el área de trazado de un gráfico es la parte del gráfico donde se representa visualmente la serie de datos. Esta área excluye elementos como el título, la leyenda y los rótulos, enfocándose exclusivamente en la representación gráfica de los datos.

Solución al test n.º 22

1. a) Revisar.

2. c) Numéricos, de texto, horas y fechas.

3. c) El valor no cabe en la anchura de la celda.

4. c) Es un valor configurable.

5. c) El botón de lista Formato.

6. a) Estás en una hoja distinta.

7. c) Definir la orientación.

8. b) 400 %.

9. c) Entre el borde superior y el margen superior.

10. c) Error de celda.

11. a) Fórmulas predefinidas.

12. c) Suma las celdas A1, A8 y la A10.

13. c) Suma la celda A1, una constante de 3 y la celda A8.

14. b) Devuelve el resto de una división.

15. c) Devuelve como resultado 0 .

16. c) Eje X, Eje Y, Eje Z.

17. c) Puede ser el eje vertical u horizontal.

18. b) Se ha realizado un Filtrado.

19. c) Puede ser Alfabéticamente o Personalizadamente.

20. b) Es el área que ocupa la representación de las series de datos.

Cómo acceder al Curso

Auxiliar Administrativo/a
Test del temario

El uso de los códigos **es exclusivo de los compradores de los productos de Editorial MAD**. Cada producto posee un código único y de un solo uso. Es personal e intransferible y da acceso a servicios y contenidos adicionales. Editorial MAD se reserva el derecho de hacer cuantas comprobaciones sean necesarias para identificar al legítimo poseedor del código y dejar de dar servicio a quien haga uso fraudulento del mismo, además de emprender cuantas acciones legales estime oportunas según la legislación vigente.

Deberás acceder a:

mad.es/registro-campus

Si una vez aceptadas las condiciones de uso del Campus decides hacer uso del mismo, necesitarás del siguiente código de acceso junto con los códigos del resto de títulos que se exigen (si fuera el caso):

LPRJAZ5T1K